I0089164

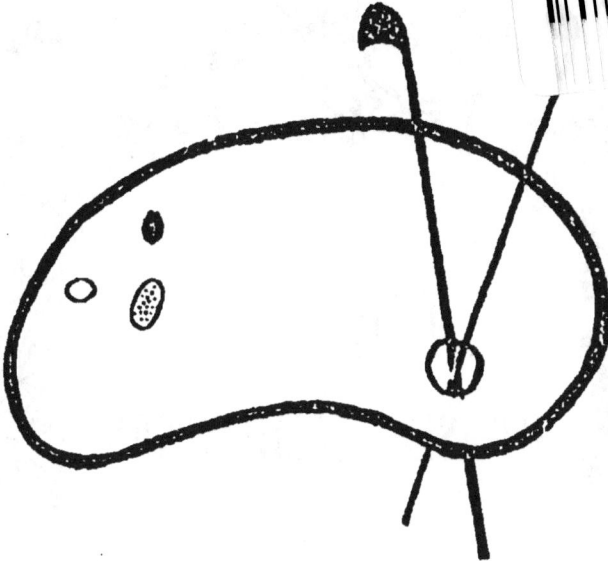

COUYERTURE SUPERIEURE ET INFERIEURE
EN COULEUR

EUDOXIE

ET SES COMPAGNES

DIALOGUES
SUR DIVERS SUJETS DE MORALE

PAR M. L'ABBÉ GAILLARD

✦

PARIS
RUE DES SAINTS-PÈRES, 30
LILLE
J. LEFORT, ÉDITEUR

DUFRESOY SC.

A LA MÊME LIBRAIRIE :

volumes à 50 centimes brochés

Albérie.

Amour (l') d'une mère.

Apostolat (l') de l'enfance.

Après l'école.

Artiste (l').

Beaux (les) Exemples.

Bourse (la) inépuisable.

Choix d'histoires.

Conseiller (le) des enfants.

Deux (les) bouquets.

Enfant (l') du naufrage.

Enfant (l') volé.

Ernestine.

Esther, Athalie.

Eudoxie et ses compagnes.

Famille (la) Clairval.

Fanchette.

Fête (la) d'une mère.

Fille (la) du fermier.

Fils (le) du tisserand.

Georgine.

Heureux (les) Fruits de la vertu.

Historiettes et Récits au jeune âge

Hubert et Paul.

Journal d'un jeune marin.

Le plus Beau Jour de la vie.

Louis Clauzelle.

Maison (la) du tailleur.

Maîtresse (la) du logis.

Marie au foyer de la famille.

Martyr (un) de Corée.

Maurice.

Miel (le) et les Abeilles.

Moralités et Allégories.

Notre-Dame des Roses.

Orpheline (l').

Pâques (les).

Pèlerinage à N.-D. de Sion-Vau-
démont.

Petite (la) Famille.

Petits (les) Joueurs.

Pierre Vallée.

Saint - Denis (la basilique).

Saint Ulrich.

Théodule ; *édition retouchée*.

Un Bonheur mérité.

Une Couronne à Marie.

Valentin.

Vase (le) de fleurs.

Vendredi chair ne mangeras.

Vétéran (le).

☞ En envoyant le prix en un mandat de la poste ou en
timbres - poste, on recevra *franco* à domicile.

LILLE. TYP. J. LEFORT.

EUDOXIE,

ET SES COMPAGNES

In-12. 4e série.

8° R
2347

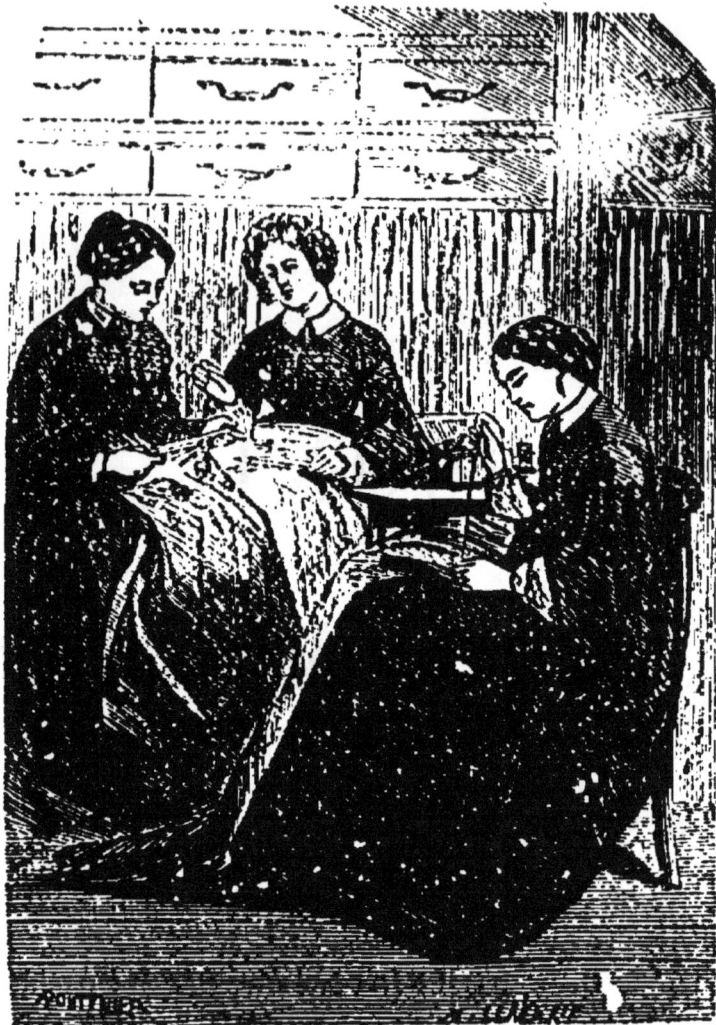

Quand les doigts ne travaillent pas, c'est
la tête, et quand c'est la tête, c'est la folle
du logis, l'imagination.

EUDOXIE

ET SES COMPAGNES

OU

QUELQUES DIALOGUES
SUR DIVERS SUJETS DE MORALE

PAR M. L'ABBÉ GAILLARD

CINQUIÈME ÉDITION

———

LIBRAIRIE DE J. LEFORT

IMPRIMEUR ÉDITEUR

LILLE | PARIS

rue Charles de Muyssart, 24 | rue des Saints-Pères, 39

1878

Propriété et droit de traduction réservés.

EUDOXIE

ET SES COMPAGNES

———✦———

Du bonheur en cette vie.

Mlle EUDOXIE

Mesdemoiselles, vous savez que nous sommes convenues de nous entretenir aujourd'hui sur le *bonheur en cette vie*. Le sujet ne saurait être plus intéressant. Le bonheur ! le bonheur ! C'est toute la vie humaine. Eh bien, que chacune dise sa pensée comme toujours, simplement, sans apprêt, sans façon. A vous, mademoiselle Hortense; parlez-nous du bonheur en cette vie.

Mlle HORTENSE

Je serais charmée d'en parler, mais j'avoue que je n'y entends plus rien. J'avais pris d'abord la question au grand sérieux; je la tournais et retournais dans mon esprit de toutes manières. A la fin, mes idées se sont renversées une à une, au point qu'en ce moment je ne crois plus au bonheur de cette vie. En effet, le bonheur est le contentement de l'âme, ou il n'est rien. Mais où est le contentement de l'âme? Tout le monde se plaint, tout le monde, les riches comme les pauvres; partout la peine, le souci, l'ennui, le remords et la mort; nulle part le bonheur.

Mlle CLARA

Oh ! mademoiselle, quel mauvais rêve vous avez fait ! On a bien raison de dire qu'on ne voit pas *clair* quand on voit tout en *noir*. Allons, *ne renversons pas nos idées*. Le bonheur, que vous ne voyez nulle part, je ne le vois pas partout, mais je le vois en mille endroits. Il est ici, au milieu de nous, plus vif aujourd'hui que jamais; je le vois briller sur tous les visages. Il est chez le riche, cela va sans dire; il est quelquefois chez le pauvre; le mendiant le reçoit en tendant la main; l'artisan le sent quand il chante; l'ouvrier le trouve en travaillant. Au printemps, il s'épanouit avec les fleurs; en été, il dore les moissons; en automne, il colore le raisin; en hiver, il est *au coin du feu*. Vous, petite Zoé, n'êtes-vous pas de mon avis.

Mlle ZOÉ

Je n'en sais rien. Si l'on demandait le bonheur de l'autre vie, je ne serais pas embarrassée, je répondrais comme le catéchisme. Mais puisqu'on demande le bonheur de cette vie, il me semble que ce serait d'être toujours en vacances auprès de papa et de maman. Voilà.

Mlle ANNETTE

Oui, voilà une jolie idée; je voudrais bien l'avoir eue. La mienne, je l'ai trouvée toute faite dans une lettre de ma tante. Elle m'écrit de Paris : « Je viens d'assister à une superbe fête dont la princesse (son nom m'échappe) a eu tous les honneurs. Figure-toi la plus riche, la plus belle toilette du monde, un chapeau *phénoménal*, une robe *enchantée* aux reflets de pourpre et d'azur, un châle *délirant;* c'était à ravir. La princesse étincelait, resplendissait d'or, de diamants et de lumière; tous les yeux l'admiraient; elle posait en déesse; son sourire exprimait le bonheur. »

Mlle HERMANCE

Et la sottise, car la vanité est une sottise. Sous les plumes du paon, le geai reste geai. La plus riche toilette n'ajoute rien à la valeur d'une personne, à son mérite. Voyez : un ouvrier tisse du poil de chèvre et fait un châle; un autre dévide des cocons d'une chenille et fait de la soie; un troisième pêche des huîtres et en tire des perles. D'autres ouvriers travaillent sur les minéraux et les métaux que fournit la terre. De là, les toilettes. A qui doit-on en faire honneur ? A la chèvre, à la chenille, aux huîtres, aux ouvriers. La vanité est donc une sottise.

Mlle LAURE

Ah! si la déesse vous entendait avec vos chenilles et vos huîtres !... Mais ne troublons pas son bonheur. Le mien, je le mets décidément dans la science. Il me semble que je serais heureuse, que je ne désirerais plus rien en ce monde, que j'aurais l'âme contente, si je possédais la science, je veux dire toutes les sciences. Oh! quel bonheur!

Mlle NOÉMI

Mon grand-papa me disait souvent : Petite, « apprends à lire et à écrire, apprends bien ton catéchisme, et tu en sauras assez pour être heureuse. »

Mlle ESTHER

Moi aussi je pensais à la science, mais un petit livre a changé mon idée. « Les vrais savants, dit ce » petit livre, conviennent eux-mêmes qu'ils ne » savent rien ou presque rien. Plus ils font de pro- » grès, plus ils montent, plus l'horizon s'agrandit, » s'étend, devient immense. Un homme sur le mont » Blanc que voit-il? De l'espace, et rien de plus. La » vie des savants n'est d'ailleurs qu'une vie d'efforts, » un long et pénible labeur. »

Mlle ZUZETTE

J'ai lu l'histoire d'un grand seigneur, qui avait de beaux palais, de beaux carrosses, qui faisait de grands voyages, de grandes chasses, de grands

2

festins, qui avait tous les bonheurs du monde. Il n'était pas heureux!

Mlle ESTHER

J'ai lu la même histoire. Tout va bien jusqu'au dernier chapitre. Mais ce chapitre, qu'on a retranché dans la nouvelle édition, gâte bien des choses. On y lit que le grand seigneur était sujet à la migraine et à la goutte; que ses fêtes lui donnaient bien des soucis; qu'un rien l'emportait; que le moindre dépit lui donnait la fièvre; qu'il avait souvent des idées noires et des remords, et qu'enfin il se pendit.

Mlle ZUZETTE

Il se pendit! lui, le grand seigneur! lui, si riche, si magnifique, si admiré! lui dont tout le monde enviait le bonheur! Oh! je m'y perds. Je n'avais pas lu la première édition; ce n'est pas ma faute, si je l'ai cru le plus heureux des hommes : c'est la faute du libraire.

Mlle CATHERINE

On trouve le secret du bonheur en cette vie dans un conte oriental. Représentez-vous un vaste amphithéâtre dont tous les gradins sont occupés par une immense multitude où chacun a pris place selon son rang et sa condition. Au centre, un magicien fait un signe de sa baguette, et, à ce signe, tous les yeux se baissent : chacun regarde au-dessous de soi. Après un moment d'observation, on voit la joie s'épanouir peu à peu sur tous les visages. Le magicien sourit, fait un signe contraire, et alors tous les yeux se lèvent. L'observation recommence; peu à peu les traits se contractent, la tristesse devient universelle.

Ma grand'maman m'a expliqué ce conte. Notre nature aspire au bonheur. En *regardant en haut*, elle croit l'y voir et souffre de cette privation imaginaire. Elle souffre aussi par orgueil de n'avoir qu'un bonheur moindre, et par envie en voyant le bonheur des autres. Mais en *regardant en bas*, se trouvant plus heureuse par comparaison, elle se réjouit. Ainsi, on est heureux ou malheureux quand on croit l'être. Tel pauvre se croit heureux, il l'est; tel riche se croit malheureux, il l'est. Habiter un palais ou une cabane, être millionnaire ou indigent, noble ou sans nom, importe peu au bonheur : on est heureux ou malheureux si on croit l'être. Vous voyez à quoi tient le bonheur. Le vrai magicien qui le donne, c'est le bon sens qui guérit de l'orgueil, contient l'imagination et fait prendre le temps *comme il vient et la vie humaine comme elle est.*

Mlle AGATHE

Oh ! c'est bien vrai. Un jour, je demandais à notre fermier s'il était heureux. — Heureux ? oh ! voilà, pas trop. — Mais, vous n'êtes pas malheureux ? — Oh ! non, il y en a qui le sont plus que moi ; quand on a bonne santé et des bras, on n'est pas malheureux. Et il faut voir comme ces pauvres gens travaillent toute l'année, les peines qu'ils ont ; cela fait frémir !

Mlle EUDOXIE

Prendre ainsi la vie humaine, avoir assez de raison, de bon sens pour la prendre ainsi, c'est déjà beaucoup. Que de malheureux se guériraient en agissant ainsi ! Pour moi, je n'oublierai jamais le conte oriental. Mais on peut arriver par la foi à un bonheur plus réel et plus vrai.

On est heureux en méritant de l'être.

Par la vertu, l'âme vit dans l'espoir du souverain

bonheur, et cet espoir lui-même est un bonheur très-réel. Donner au malade l'espoir de guérir, au prisonnier l'espoir de la liberté, à l'exilé l'espoir de revoir sa patrie, c'est leur rendre le bonheur. Que doit-il être de l'espoir de l'immortelle vie!... Je laisse mademoiselle Eusébie vous en parler plus au long.

Mlle EUSÉBIE

Mademoiselle, vous me laissez une tâche bien douce: je vous en remercie. On nous a si souvent entretenues du bonheur que l'on peut goûter en cette vie, qu'il est facile d'en dire quelque chose. Que ne puis-je en parler du fond de l'âme, du fond du cœur, comme on nous en parle chaque jour! Ce serait déjà un bonheur réel pour moi. Oui, il y a un bonheur vrai, réel, un bonheur de l'âme, qui adoucit toutes les peines, calme toutes les douleurs, un bonheur qui est le trésor de la vie. Ce bonheur, c'est le bonheur de la piété. Il a été le bonheur de tous les saints. Qu'il est doux, au milieu des épreuves de cette vie, de sentir l'espoir de l'immortelle vie, l'espoir du ciel! de sentir qu'on aime l'éternel et souverain Amour, qu'on en est aimé, qu'on l'aimera toujours et qu'on en sera toujours aimé !... Oh ! il n'est pas sur la terre un autre bonheur !

CHŒUR

La piété, c'est le bonheur,
C'est le bonheur de l'espérance.
Elle change en douceur
La plus dure souffrance,
La plus vive douleur.
Pour être heureuses,
Soyons pieuses ;
La piété, c'est le bonheur !

Violette et tulipe.

MODESTIE ET VANITÉ

La violette,
Douce fleurette,
Dans le vallon,
Sous le gazon,
Aime un lieu solitaire.
L'ombrage obscur
Et sûr
D'un bosquet tutélaire
La dérobe à nos yeux;
Mais son parfum délicieux
Révèle sa présence.
Elle est, de notre enfance,
D'un cœur modeste et vertueux
L'image et le modèle heureux.

Mlle ZOÉ

Voilà; ce n'est ni bien ni mal. La violette est,

je crois, une petite fleur qui a du rouge et du bleu, et dont l'odeur n'est pas désagréable. Mais, après tout, c'est une plante comme tant d'autres, insignifiante.

Mlle ZÉLIE

Insignifiante ! Dites donc révoltante. Ne faut-il pas s'agenouiller pour la cueillir ? Ah ! je m'en souviendrai longtemps de cette vilaine plante. Un jour, je vais à la promenade ; ma bonne me fait remarquer des violettes sous un buisson ; je me baisse, je m'incline, je glisse, je tombe sur mes genoux, et quand je me relève, qu'aperçois-je ? Une grande tache verdâtre sur ma robe blanche de mousseline ! Au retour, il me faut traverser la place publique ; on me regarde, on sourit, on me plaisante. Il a fallu me plisser ma robe et fagoter pour cacher la tache verdâtre. On rit de plus belle.... Oh ! je m'en souviendrai de la violette !...

Mlle LAURE

Moi, je m'en souviendrai toute ma vie. Quel affront sanglant !... Ma fleur par excellence, c'est la tulipe, oh ! la tulipe !

SOLO

Voyez, sur sa hampe légère,
Se dresser fièrement la plus belle des fleurs,
Etaler au grand jour ses brillantes couleurs,
Orgueil du parterre.
Quel port majestueux! quel ravissant éclat!
Quel incarnat!
Voyez ces filets d'or, ces teintes purpurines,
Cet azur, ce rubis, ces nuances si fines!
Et l'ébène et l'argent,
Les feux du diamant.
Voyez cette coupe merveille,
A nulle autre pareille....

Mlle CHARLOTTE

C'est très-bien, mademoiselle. Mais voudriez-
vous me dire, quand vous serez un peu remise,
si votre fleur a du parfum ? L'autre jour, pendant
que je regardais ces pauvres tulipes toutes mouil-
lées, tout engourdies, arrive une abeille. Je la
vois entrer sans façon et au même instant s'envoler
en bourdonnant de colère. Je m'approche à mon
tour : quelle odeur désagréable! Oh! fi de la
tulipe !

Mlle HÉLÈNE

Ainsi, mademoiselle, à vous entendre, les fleurs sont responsables de nos caprices, de nos gaucheries, de nos sottises. A ce compte, il faut proscrire toutes les fleurs. Dès lors, plus de prairies émaillées, plus de parfums, plus de printemps, plus de tapisseries, plus de broderies. Et c'est vous qui proscrivez les fleurs! vous!

Mlle ZÉLIE

Assez, assez, mademoiselle, je comprends.

Mlle HÉLÈNE

Vous comprenez? Eh bien, revenons à cette pauvre petite violette si indignement traitée. Elle nous donnera une bonne leçon, elle qui est le symbole de la modestie. Elle nous apprendra à fuir le monde, elle aime la solitude et la retraite; à fuir la vanité, elle demeure simple, modeste, s'ignore elle-même; à édifier autour de nous, son parfum suave embaume l'air.

Mlle HERMANCE

Je ne méprise pas la violette. Mais je voudrais

bien savoir, puisqu'il est question de vanité, s'il
y a ici deux demoiselles qui, prenant la chose au
sérieux, pourraient se regarder sans rire. Je ne le
pense pas; et la preuve... vous me dispensez de
la donner.

SOLO

La vanité donne au sourire
Un petit air mystérieux,
Précieux,
Que l'on ne peut décrire.
Entendez-vous ces sons filés,
Perlés,
Voilés?
C'est de la vanité l'expression charmante.
Mais rien n'enchante
Comme l'éclat
Délicat
Que donne à sa toilette
Une fillette.
En vérité,
Sans vanité,
La femme n'est plus femme.
Un vaniteux l'a dit:
C'est l'âme de son âme,
L'esprit de son esprit.

Mlle GERTRUDE

La vanité est un défaut. C'est l'étain qui veut paraître argent, le cuivre qui veut passer pour or. Elle est un mensonge, une hypocrisie. Comme la vanité s'abuse elle-même ! C'est par vanité que l'on veut paraître, que l'on veut plaire, être estimée, et c'est pour cela même que l'on perd l'estime dont on jouissait : une vaniteuse est partout regardée comme un petit esprit. Quand ma grand'-maman voyait une toilette recherchée, elle disait : « Hélas ! que devient-on ! on ne connaît plus même ses amies. » Une fois, en me montrant un champ de blé, elle me dit : *Les épis pleins baissent la tête, les épis vides la dressent.* Mon grand-oncle chantait aussi bien souvent ce petit couplet, que je ne comprends pas bien :

> Ah ! ce n'est que fard au dehors,
> Au dedans ce n'est qu'artifice.
> Otez le fard et la malice,
> Et vous ôtez l'âme et le corps.

Mlle LUCETTE

Ce quatrain est digne, en effet, d'un tout grand-oncle, d'un centenaire. Pour moi, j'ai toujours cru qu'un *petit grain* de vanité fait bien dans la toilette et même en toute chose. J'admets la modestie, mais avec le *petit grain*. Eût-on une intelligence supérieure, un caractère heureux, si l'on n'a pas le *petit grain*, qui montre les qualités, les relève, les fait briller, on reste fade, insipide, insignifiante. On est un diamant, mais un diamant brut, sans éclat, que l'on confond avec les pierres ordinaires. Polissez ce diamant, et il deviendra resplendissant de beauté. *Soyez simple avec art*, dit Boileau, ce qui veut dire : Ayez le *petit grain*. Sans le *petit grain*, vous ne saurez ni poser, ni saluer, ni marcher, ni être debout ou assise. Le *petit grain* fait merveille dans une mise élégante : il fixe le chapeau, non sur le front, mais sur le point opposé ; divise finement les cheveux ; plisse les rubans, sait les nouer, compose et assortit les nuances. En un mot, le *petit grain orne*, *élève*, *embellit toute chose.*

Mlle DOROTHÉE

Oh ! mademoiselle, si le grand-oncle vous entendait !... Les effets du *petit grain* sont incon-

testables, mais ce *petit grain* est *un grain d'arsenic*. La vanité est un vice, et par là même le
moindre petit grain de vanité est, dans le sens
moral, un grain d'arsenic. Il n'y a point de poi-
son plus subtil. Il pénètre jusqu'à la dernière
fibre du cœur, et le cœur une fois infecté, toute
l'âme se pervertit. Nous devons rapporter à Dieu
tous nos actes. La vaniteuse les rapporte à elle-
même, agit en tout par vanité, et sa vanité em-
poisonne tout. On voit par là de quelle importance est la vertu de modestie et de simplicité.
Une âme simple et modeste ne se recherche
en rien; elle tend à Dieu comme à sa fin su-
prême, à Dieu, unique objet de son estime et de
son amour.

« La simplicité (j'ai lu ceci dans un beau
» livre) peut seule résoudre le problème le plus
» formidable de notre siècle, le *problème de la
» misère*. Voici le fait. Des millions de bras tra-
» vaillent pour le luxe. Mais le luxe sur un point,
» c'est la misère sur un autre. La vraie richesse,
» c'est l'aliment, le vêtement et le logement : trois
» choses *nécessaires*. Le luxe, c'est le superflu,
» l'*inutile*. Eh bien, que les millions de bras, qui

» travaillent pour l'*inutile*, travaillent désormais
» pour le *nécessaire*, et la misère disparaîtra in-
» failliblement. »

Mlle HENRIETTE

Mais avec votre *simplicité*, que deviendra la
mode, que deviendront les modistes ?

Mlle EUGÉNIE

Belles questions ! La mode deviendra *simple*, et
les modistes *feront dans le simple*.

Mlle HENRIETTE

Vous voulez donc que les Français deviennent
Chinois ? Chez les Chinois, la mode est toujours la
même.

Mlle EUGÉNIE

Eh bien, puisque la mode vous tient au cœur,
conservez-la. Je propose de faire faire de grandes
poupées. La mode, comme vous le savez, est une
lanterne magique. Les figures, quoique différentes,
reviennent toujours les mêmes à chaque représen-
tation. Nous prendrons 365 *variations*, et chaque
jour nos poupées seront habillées *à la mode nouvelle*. Nous remonterons jusqu'aux *paniers* et redes-
cendrons jusqu'à la *crinoline* inclusivement.

Mademoiselle, je suis tout à fait de votre avis ;
si vous le voulez, nous commencerons à l'an 1776.
Nous avons chez nous un grand beau livre, qui
reprend, à cette année-là, l'histoire de la mode.

« On se coiffait très-haut, le toupet en avant.
» Le point du toupet s'appelait *physionomie*.

» Derrière le bonnet, plusieurs panaches sou-
» tenus par un anneau de diamant.

» La couleur de la robe la plus à la mode était
» la couleur *puce*.

» On comptait 150 espèces de garnitures de robe.
» Chacune avait un nom : *Les plaintes*, *la grande*
» *réputation*, *la préférence*, *les vapeurs*, *les re-*
» *grets*, etc., etc.

» On portait une palatine de duvet de cygne
» qu'on appelait *chat*.

» Le ruban le plus à la mode était *l'atten-*
» *tion*, *l'œil abattu*, *la convention*, etc., etc. Les
» souliers étaient brodés en diamants. La raie de
» derrière garnie d'émeraudes s'appelait *venez-y*
» *voir*. »

Ainsi, nos poupées pourront avoir, pour première
toilette, une robe couleur *puce*, ornée de *regrets*

superflus, avec un point de *candeur parfaite*, une
magnifique *attention*, des souliers *cheveux de la
reine* brodés de diamants en *coups perfides*, et le
venez-y voir en émeraudes ; un bonnet avec rubans
d'œil abattu ; un *chat* couleur *gens nouvellement
arrivés* ; par derrière, une *Médicis en bienséance*,
avec un *désespoir* d'opale et un manchon couleur
d'agitation momentanée.

Mlle HENRIETTE

Comment, mesdemoiselles, tant de belles toilettes pour des poupées qui ne sentent rien ? Oh !
jamais, jamais je ne pourrai m'y résoudre.

Mlle STÉPHANIE

Il est vrai, les poupées ne sentent rien. On les
pique, on les pince, on les disloque, on les
brûle, cela ne sent rien. On a beau même les parer
le mieux du monde, cela ne donne pas le moindre
signe de satisfaction. Mais c'est précisément pour
cela qu'elles peuvent suivre entièrement la mode
et donner dans le plus grand luxe. Puisqu'elles ne
sentent rien, la vanité n'est pas un danger pour
elles.

Mlle HENRIETTE

Je ne puis vous répondre ; mais je dirai toujours que c'est une dépense inutile et ridicule.

Mlle STÉPHANIE

Nous pouvons nous entendre : inutile aux poupées qui ne sentent rien, ridicule et dangereuse à celles qui sentent ; nous voilà d'accord. Mais quel parti prendre à l'égard du luxe et de la mode ? faut-il les supprimer l'un et l'autre ?

Mlle HORTENSE

Je mets une grande différence entre la mode et le luxe. La mode peut être simple, ou du moins nous pouvons la rendre telle, et c'est ce que nous devons faire. Quant au luxe, nous devons l'éviter parce qu'il mène souvent à l'abîme. Une robe peut avoir de l'ampleur ; mais la robe que portait la grosse cloche de Moscou, le jour de son baptême, aurait trop d'ampleur pour une dame. Soyons simples ; simples d'esprit, de cœur, de caractère ; simples dans nos manières, notre langage, notre mise, nos goûts. La simplicité est la vertu même ; la modestie, qui nous sied si bien, n'en est que l'expression. Pratiquons la simplicité ;

chaque jour on nous l'enseigne, plus encore par les exemples que par la parole.

En ce moment nous serions au comble de nos vœux, s'il nous était donné de pouvoir exprimer notre reconnaissance. Eh bien, je ne crains pas d'être désavouée : le témoignage le plus vrai de notre immortelle reconnaissance, c'est la pratique de la simplicité.

Science dans l'éducation.

Mlle EUDOXIE

Mesdemoiselles, vous vous rappelez qu'il y a huit jours le sort nous a désigné, pour sujet de causerie, *la science dans l'éducation*. Nous n'avons pas la prétention de *traiter un sujet*, fût-ce même le plus à notre portée ; nous ne faisons que recueillir les idées qui nous ont frappées dans nos lectures ou dans nos relations, et les exposer de notre mieux en conversant ensemble. Puisqu'on nous a recommandé cet exercice, nous devons le croire utile ; plus tard, nous saurons mieux l'apprécier. Allons, petite Elise, commencez.

Mlle ÉLISE

J'ai demandé à maman ce que c'est que la science. Elle m'a dit : il faut demander cela aux hommes.

Mlle CHARLOTTE

En lisant le livre que ma marraine m'a donné, j'ai trouvé le chapitre de la science. Il y a deux sciences, la science *religieuse* et la science *profane*. La première est absolument nécessaire : on ne peut pas remplir ses devoirs sans la connaître; l'ignorance de la religion est un très-grand malheur. Quant à la science profane, elle a des avantages, mais elle a aussi ses dangers; tout dépend de l'usage que l'on en fait. Comme elle a des avantages, il est bon de chercher à l'acquérir en s'appliquant à ne pas en abuser.

Mlle CLARA

Je suis entièrement de votre avis. S'il fallait rejeter les choses dont on abuse, il faudrait tout rejeter, parce qu'on abuse de tout. Il faudrait cesser de vivre à l'instant même, parce qu'on abuse de la vie en vivant mal. Bien plus, l'abus d'une chose en prouve la bonté; on abuse du bien et non du mal. On abuse de la science, donc elle est bonne. D'ailleurs, si la science profane n'était pas importante, les hommes ne feraient pas tant d'efforts

3

pour l'acquérir, et on ne vanterait pas tant les savants.

Mlle JEANNETTE

Eh bien, moi je n'y tiens pas du tout. Mon grand-oncle, qui a été militaire, disait : « Jamais femme savante n'a rien valu; les femmes n'ont déjà que trop de tête. »

Mlle ZÉLIE

Ah! je comprends. Voyez un peu la jalousie! Voilà bien les hommes. Tout irait mieux pour eux si nous ne savions rien de rien. Puisque la science donne de la tête, c'est une raison de plus de l'acquérir; il est bon d'avoir de la tête pour ceux qui en manquent. Ma résolution en est prise; si jamais je peux mettre la main sur des livres latins, il faudra bien que je les déchiffre. Est-ce que nous n'avons pas des yeux pour lire et de l'esprit pour comprendre?

Mlle BARBE

Très-bien! Mesdemoiselles, nous nous associerons ensemble, et après le latin, le grec; le latin et le grec, ni plus ni moins. Il y a si longtemps que l'on en parle, qu'il faut enfin savoir ce que c'est.

Après, nous verrons clair, et si l'on vient plaider devant nous l'ignorance des femmes, nous aurons pour nous défendre trois langues à notre usage.

Mlle SIDONIE

Oh! mesdemoiselles, mesdemoiselles! trois langues! quand on dit que nous en avons déjà trop d'une! Vous savez le proverbe : *femme qui sait le latin....* Mais le grec, le grec! avec le grec, on vous croira pires que la bise noire. Des demoiselles hérissées de grec! quelles têtes de Méduse! J'aime la science, mais une science raisonnable, un peu de grammaire, d'arithmétique, d'histoire, de géographie. Je dis *un peu*, parce qu'on ne peut apprendre ce que les grammairiens ne savent pas eux-mêmes; ils s'embrouillent dans mille subtilités pénibles. Je dis aussi un peu d'arithmétique, par exemple, jusqu'à la règle de *fausse position* exclusivement; à quoi bon apprendre à se tenir mal? Un peu de géographie, si l'on veut. Du reste, on peut se rassurer, compter sur les conducteurs de diligences et les chemins de fer. Voilà toute ma science profane.

Mlle CLAUDINE

C'est aussi toute la mienne; je n'en voudrais pas

davantage. Plus on sait, plus on veut savoir, comme plus on a, plus on veut avoir. Or l'ambition perd l'homme; elle perdrait peut-être aussi la femme. Un peu de science ne fait pas mal. C'est comme le poivre dans la sauce; il la relève, mais il n'en faut qu'une pincée. Nous voilà donc toutes les deux en parfait accord : la lecture et l'écriture avec une *poudrée* de grammaire et d'arithmétique.

Mlle FRANÇOISE

Je ne sais que penser de cette *poudrée*. L'autre soir, notre voisine, qui est déjà bien vieille, disait : « Je n'ai jamais su ni A ni B, et ça ne m'a pas empêchée de faire mon chemin aussi bien que les autres. Avec leur *savantise*, ces petites savantasses jacassent et ne font autre chose.

Mlle CAROLINE

Ah ! je m'y attendais ! Voilà la grande affaire : la science favorise la paresse. Quel mensonge ! quelle calomnie ! La science suppose le travail, la science donne à l'esprit une grande activité. Qui ne sait rien ne pense à rien, et qui ne pense à rien s'engourdit dans la fainéantise. C'est tout naturel.

Mlle FRANÇOISE

Vous admettrez du moins que la science favorise
la vanité ; car le pédantisme , dont on parle tant,
est précisément la vanité qu'on tire de la science.

Mlle CAROLINE

La vanité? Mais le nom seul qu'elle porte, *vanité*,
devrait la tuer, et elle vit toujours ! Est-ce donc
un mal incurable? Il me semble toutefois qu'on
peut se guérir radicalement du pédantisme , ou s'en
préserver à jamais, en faisant une simple réflexion.
Ce qu'on peut apprendre en dix années d'étude est
peu de chose. Ce qu'on peut apprendre en vingt
années est encore peu de chose. Ce qu'on peut apprendre en quarante années est si peu de chose, que
les vrais savants sont les premiers à dire qu'ils ne
savent presque rien , tant la science est infinie !

Mlle EULALIE

Si les vrais savants ne sont pas pédants , nous,
qui savons si peu de chose, aurions mille fois tort
d'être pédantes. Mais je remarque que notre question ne s'avance guère. Je ne vois pas bien clairement à quoi sert la science. A part la *lecture* et

l'*écriture*, dont l'utilité est assez généralement reconnue, je désire que l'on me dise franchement à quoi sert la *grammaire*.

Mlle SCHOLASTIQUE

Je vais vous le dire. Elle sert à *bien parler* et même à autre chose. Dernièrement, dans une réunion où se trouvaient des dames et des messieurs, un soldat revenu de Crimée racontait sa campagne avec un enthousiasme tout français. Mais, au lieu de *j'étais*, *j'avais*, on entendait à chaque instant des *j'étions*, des *j'avions* qui faisaient frissonner. Plusieurs dames se mordaient les lèvres : l'une d'elles se pâmait; un ancien maître de grammaire grinçait les dents. Notre militaire sortit, et aussitôt tout le monde de s'écrier : « Quel malheur que ce jeune homme ne sache pas mieux parler ! »

La question de grammaire une fois mise sur le tapis, ce ne fut plus qu'un feu roulant de malicieux propos contre monsieur un tel, madame une telle, mademoiselle une telle, qui font *des cuirs* en parlant, qui *estropient* les mots, qui *écorchent* la langue et *massacrent* l'orthographe. Tout allait pour le mieux. Mais voilà qu'une demoiselle d'environ quinze ans prend la parole : *Maman, dis-*

leur z-y-donc ce qui t'a arrivé avant-z-hier. A ces mots, l'ancien professeur pâlit ; tout le monde éclate de rire; la rougeur monte au front de la pauvre mère, qui pousse un cri, prend sa fille et disparaît. Voyez-vous maintenant à quoi sert la grammaire?

Mlle EULALIE

Quel affront ! quelle honte ! Pauvre demoiselle ! Oh ! j'apprendrai la grammaire, je saurai la grammaire. Fallut-il y user mon esprit et mes yeux, il faut que je sache la grammaire. Encore une fois, pauvre demoiselle! elle n'en avait qu'une *poudrée*, la malheureuse.

Mlle PAULINE

Voilà ce qui s'appelle prendre les choses au sérieux. Je commence à tenir aussi à l'arithmétique. Mon cousin, qui est dans le commerce, m'en a donné une idée favorable. L'autre soir, il nous a défiés de l'embarrasser en fait de comptes, de marchés, de ventes, de partages. En deux ou trois coups de crayon sur un bout de papier, l'affaire était faite. La voisine, qui ne sait ni A ni B, comptait sur ses doigts; mais elle p dait une heure à s'embrouiller, tandis que le crayon débrouillait tout en deux minutes. A la fin, la voisine prit un air renfrogné, traita mon cousin de sorcier, et s'en alla en maugréant contre tout le monde. J'apprendrai l'arithmétique, c'est convenu.

Mlle SYLVIE

Et moi, j'apprendrai aussi la géographie. Il n'est pas agréable de s'entendre dire qu'on *perd le nord*. Un jour, dans une grande réunion, un monsieur me demande où sont les points cardinaux. Je réponds qu'ils sont à Rome. Là-dessus, il me dit : Mademoiselle, *vous perdez le nord* ; un autre dit : et le *sud* ; un troisième : et l'*est* ; un quatrième : et l'*ouest*. Je demeure tout abasourdie. Puis l'on me dit : C'est de la géographie.... Je me dis à moi-même : Voilà une affaire réglée, j'apprendrai la géographie.

Mlle VICTOIRE

Moi, j'aime mieux apprendre l'histoire. Si on *perd le nord*, la bise nous le fait bien retrouver. Avec l'histoire, on peut remonter jusqu'au déluge et même jusqu'à nos premiers parents. On fait connaissance avec les Egyptiens, les Mèdes, les Perses, les Grecs et les Romains. Après eux viennent les Francs et les Français. Je suis pour l'histoire.

Mlle THÉRÈSE

Je comprends. Mais, quand vous aurez dépensé le tiers de votre vie avec les anciens et quelques modernes, il vous restera l'histoire des Danois, des Suédois, des Hongrois, des Chinois, des Anglais, des Ecossais, des Polonais, des Portugais, sans compter les Américains, les Africains, les Autrichiens, les Prussiens, les Italiens, les Russes, les Allemands, les Espagnols, et autres semblables ; j'aimerais bien mieux la musique.

Mlle EMMA

Oh ! la musique ! Voilà la vraie science, la science de la vie. Est-on gaie, on chante. Est-on triste, on chante pour s'égayer. La raison parle, mais le cœur chante (ce qui vaut beaucoup mieux), oui, le cœur, il n'y a pas ici de calembourg, le vrai cœur : le chant est la parole du cœur. Et puisque l'éducation a surtout pour objet de former le cœur, rien ne me semble plus important que la musique.

Mlle EUDOXIE

La musique a son importance, mais il ne faut rien exagérer. Le cœur peut être admirablement formé sans que le chant soit admirable, autrement toutes les personnes pieuses chanteraient à ravir ; ce qui n'a pas lieu toujours. Toutefois je reconnais que le chant est *la parole du cœur*.

Nous avons dû sentir l'importance de l'arithmétique et surtout celle de la grammaire ; la grammaire et l'arithmétique composeront donc principalement notre *science profane*. Savoir l'arithmétique et la grammaire, c'est peu de chose ; mais les ignorer, c'est beaucoup.

———

Du mérite.

Mlle EULALIE

Mesdemoiselles, cette fois le sort s'est joué de nous et nous a fait un de ces compliments à brûle-pourpoint que l'on repousse comme une injure. Pour moi, du moins, je trouve la question *du mérite* bien au-dessus de ma portée. Qu'est-ce que le mérite ? Est-ce l'intelligence, le génie ? Est-ce le courage ? Est-ce la fortune ? Est-ce la gloire ? Est-ce la science ? Est-ce uniquement la vertu ? Ou bien, est-ce tout cela à la fois ? S'il faut tout cela pour avoir du mérite, n'en parlons plus; et s'il ne faut pas tout cela, que faut-il ? Chose singulière ! il semble au premier abord que chacun pourrait dire ce qu'est le mérite ; et quand on veut le définir, dire précisément en quoi il consiste, toutes les idées s'enfuient de l'esprit comme une volée d'oiseaux.

Mlle ANNA

Moi, je ne savais pas non plus ce que c'était. Je l'ai demandé à mon cousin, qui sait le latin, et il me l'a dit : *Le mérite est un substantif français du genre masculin.*

Mlle CÉLINE

Moi, je l'ai demandé à mon grand-oncle, qui a été brigadier de gendarmerie; il m'a dit : « Petite, tu trouveras le mérite dans le Dictionnaire des grands hommes; il est tout là. » Et il m'a chanté ce refrain :

1.

Le grand homme,
En somme,
Est taillé dans le fort :
Haute stature,
Large carrure
Et noble port.

2.

Constance,
Prestance,

Vigueur, solidité,
Regard sévère,
Fort caractère,
Forte santé.

Mlle ZÉLIE

Et le Dictionnaire des grandes femmes, donc?
Est-ce qu'il n'y en a point? On voit bien qui fait
les dictionnaires. Ce n'est pas pour dire, mais tout
de même c'est une fameuse injustice. Est-ce que
nous ne pouvons pas mériter autant qu'eux?

Mlle CHARLOTTE

Vous avez raison, mademoiselle : nous pouvons
mériter autant et même plus qu'eux, si c'est la
volonté qui produit le mérite. En fait de volonté,
un adage nous assure une supériorité incontestable;
il commence ainsi : *Ce que femme veut....*

Mlle ZÉLIE

Maman m'avait dit que cet adage était une plai-
santerie. Mais c'est égal, prenons-le tel quel. Si
c'est une malice, c'est une maladie de jalousie, et,
en ce cas, il n'en vaut que mieux.

Mlle JULIE

Très-bien ! mademoiselle, on ne peut mieux interpréter l'adage. Mais revenons à la question. Le mérite est l'*œuvre de la volonté libre agissant dans le bien*, comme le démérite est l'*œuvre de la volonté libre agissant dans le mal ;* sans liberté il n'y a ni mérite ni démérite. La volonté devient libre à la lumière de la raison. Ainsi le malheureux qui a perdu cette lumière, et l'enfant qui n'en a pas encore l'usage, ne sont pas libres; ils ne peuvent ni mériter ni démériter. Voilà ce que j'ai lu dans un livre.

Mlle ÉLISE

Pourquoi donc gronde-t-on les petits enfants, puisqu'ils ne peuvent faire ni bien ni mal ?

Mlle SOPHIE

On les gronde, non parce qu'ils sont coupables, mais pour réprimer l'instinct qui les porte au mal.

Mlle ÉLISE

Je ne vois pas comment la raison fait naître la liberté.

Mᴵᴵᵉ SOPHIE

Eh bien, écoutez. Un chasseur se trouve la nuit dans un bois; lui est-il libre de viser telle ou telle grive, tel ou tel merle? Certainement nom. Il en est de même de la volonté. Tant que la raison ne l'éclaire pas, elle ne voit rien, elle ne peut se déterminer à rien. Une fois éclairée, elle se porte ici ou là, à son choix; elle agit librement, mérite ou démérite, selon qu'elle fait le bien ou le mal.

Mᴵᴵᵉ ÉLISE

J'ai maintenant l'idée du mérite...

Mᴵᴵᵉ SOPHIE

Mademoiselle, l'idée qu'il faut en avoir est que rien au monde n'est plus précieux. Si je vous disais qu'*un grain* de mérite vaut mieux que tout l'or de la Californie, mieux que tout l'or du monde, mieux que l'univers matériel, je ne dirais rien de trop.

Mᴵᴵᵉ CAROLINE

Oh! c'est à mourir de rire! les bras me tombent! Elever si haut le mérite! Mais cent fois, mille fois, j'ai entendu dire : « Un tel a du mérite, une telle a du mérite ; ce commerçant a du mérite, cet ouvrier a du mérite. » Dernièrement encore on me disait : « Voilà un marchand de peaux de lapins qui a vraiment du mérite.» Rien n'est plus commun.

Mlle JEANNE

C'est bien vrai. Il y a chez nous six volumes in-folio de grands hommes dans le Dictionnaire des grands hommes. Et ce sont de tout vieux volumes. On en ferait bien encore six autres avec les grands hommes qui sont venus depuis. Oh ! rien n'est plus commun.

Mlle CÉCILE

Il y a mérite et mérite ; le tout est de s'entendre. Il y a le mérite *naturel* et le mérite *surnaturel*. Ces mérites diffèrent entre eux comme le ciel et la terre. Avoir de la probité, de l'ordre, de la conduite ; être humain, serviable ; montrer du courage ; s'exercer à cultiver un talent, travailler avec persévérance : voilà du mérite *naturel ;* c'est le mérite de l'*honnête homme.*

Quant au mérite *surnaturel*, c'est celui du vrai chrétien, du saint. Il faut, pour l'acquérir, être

en état de grâce et agir par un motif *surnaturel.*
Ce mérite vaut certainement mieux que l'univers,
puisqu'il vaut le ciel.

Un mot sur les in-folio. L'un des plus grands
hommes du plus grand des siècles disait sur son lit
de mort : *Je préférerais aujourd'hui, à l'éclat de
tant de victoires, le mérite d'un verre d'eau donné
aux pauvres.*

Cette parole admirable montre clairement la
différence des deux mérites.

Mlle ZOÉ

Eh bien, moi, j'ai lu, dans un petit livre que
m'a donné ma marraine, que le mérite du plus
grand homme est fort peu de chose.

Mlle THÉRÈSE

Le mérite proprement dit, tel que la raison peut
l'apprécier, se réduit à *quelques déterminations imparfaites à faire le bien.* Le bien n'est constitué
ni par la naissance, ni par la fortune, ni par le
talent ou le génie ; et, dans l'ordre du salut, il
suppose le concours de la volonté de Dieu, la grâce.
Ainsi, en toute rigueur, le mérite du plus grand
homme se compose uniquement de *quelques déter-*

minations imparfaites à faire le bien. Et si l'on oppose à ces déterminations imparfaites les *déterminations à faire le mal*, ce n'est pas le mérite qui fera pencher la balance.

ᴹˡˡᵉ LOUISE

Mais si c'est le *démérite* qui l'emporte, comment se fait-il qu'il y ait au ciel un saint, un seul saint?

ᴹˡˡᵉ THÉRÈSE

Mademoiselle, vous faites précisément l'objection qui se trouve dans mon livre. Je vais vous donner la réponse. Ce n'est pas en vertu de leur mérite personnel que les saints ont obtenu le ciel, mais en vertu des mérites du Sauveur. Seule, notre volonté ne peut rien; unie à Dieu par la charité, elle peut tout : ses actes deviennent dignes du ciel. Vous vous souvenez du *verre d'eau*. En récompensant les saints, Dieu couronne ses dons, a dit un Père de l'Eglise.

ᴹˡˡᵉ LOUISE

Une autre difficulté se présente. Vous ne faites pas entrer dans le mérite la naissance, la fortune, le talent. Ces qualités ne valent donc rien? C'est chose incroyable, inadmissible.

Mlle THÉRÈSE

Ces qualités ont une véritable valeur, une véritable importance dans le monde et la société, mais elles ne sont pas les éléments du mérite : on peut mériter sans elles comme avec elles. *Tous les hommes sont égaux devant la loi du mérite.* Le pauvre peut mériter comme le riche, une pauvre fille comme une grande dame, une bergère comme une reine. Telle est l'admirable disposition de la Providence. Il faut ajouter que le mérite est plus facile dans les conditions inférieures.

Mlle AUGUSTA

Comment donc? le mérite plus facile dans les conditions inférieures ! il me semble que c'est tout le contraire. Un riche peut faire beaucoup d'aumônes, toutes sortes de bonnes œuvres; le pauvre ne peut rien ou presque rien.

Mlle EUDOXIE

Il est vrai, le pauvre ne peut donner ce qu'il n'a pas ; mais le peu qu'il donne vaut, devant Dieu, l'aumône du riche. Le pauvre a d'ailleurs d'autres moyens de mériter : la vie lui est plus dure ; il est

assujetti à un travail plus pénible; sa patience plus
éprouvée devient plus méritoire. Dans sa condition,
il est moins exposé que le riche aux tentations
de l'orgueil, aux séductions de la vanité et du
plaisir. Enfin, Dieu s'est déclaré l'ami du pauvre.

Mlle AUGUSTA

Vous en direz tant que vous finirez par avoir
raison. Je n'avais pas pensé à tout cela.

Mlle ZOÉ

Moi, j'ai appris la chanson du mérite de Fanchette; je vais la dire.

1.

Pour orner son esprit, Fanchette
A recueilli, de toutes parts,
Ce qu'elle a pu, quelque bluette
Et de science et de beaux-arts.

2.

Fanchette écrit, chante et dessine,
Brode et badine en cent façons,
S'attife au mieux et se dandine,
Sans en avoir pris des leçons.

3.

Souvent aussi, pour se distraire,
Fanchette apprend un air nouveau,
Passe le temps à ne rien faire,
A *tapoter* un piano.

Mlle EUDOXIE

Mesdemoiselles, nous devons avoir maintenant des idées arrêtées sur le *mérite*. Nous savons que rien au monde n'est aussi précieux, que le mérite vaut le ciel. Mettons à l'acquérir une véritable ardeur. Faut-il faire de grandes choses ? Non ; on peut acquérir un très-grand mérite en pratiquant *les petites vertus.*

Mlle SUZETTE

Ah ! tant mieux qu'il y ait au moins de petites vertus ! nous laisserons les grandes aux grandes, et nous prendrons les petites.

Mlle HORTENSE

J'ai lu bien des fois un long chapitre sur les petites vertus ; j'en ai retenu ce que je vais dire : *Veiller sur son cœur ; — vaincre un mouvement d'antipathie ; — étouffer un sentiment d'orgueil,* d'amour-propre, une impatience, un dépit ; — réprimer un désir de vanité, une envie de plaire ; — se taire, retenir sur ses lèvres une parole vive, piquante ; — excuser les fautes d'autrui ; — oublier une petite injustice ; — laisser passer un manque d'égards, un défaut d'attention ; — supporter une contrariété, un contre-temps, une raillerie, une légère injure ; — se montrer doux, affable, prévenant ; — penser souvent à Dieu ; — s'unir à lui par un élan du cœur, une inspiration de foi, d'espérance, d'amour, un acte de repentir.

Ainsi se pratiquent les petites vertus, ainsi s'acquiert un très-grand mérite.

Mlle EULALIE

Mesdemoiselles, parmi les petites vertus, il en est une que je n'ai pas besoin de nommer ; j'en lis l'expression dans vos yeux, sur vos lèvres, dans tous vos traits. Le sentiment de cette vertu a depuis longtemps pénétré nos cœurs ; toujours il animera nos pensées, nos vœux, nos prières, surtout nos prières ; car le Ciel peut seul récompenser tant de vertus et suffire à l'expression de notre reconnaissance.

1.

O petites vertus, que vous êtes aimables !
Par vous, ici, dans ce séjour mortel,
Nous pouvons acquérir les biens impérissables,
Le paradis, le bonheur éternel !

2.

C'est vous, charmantes fleurs, qui formez la couronne
Qui resplendit sur le front des élus;
C'est vous qui la formez, et c'est Dieu qui la donne
Aux vrais amis des petites vertus.

3.

O petites vertus, modestie, indulgence,
Délicatesse, aménité, candeur,
Tendre compassion, sincère bienveillance,
N'êtes-vous pas l'heureux trésor du cœur?

4.

O petites vertus, active obéissance,
Docilité, soumission, douceur,
Sagesse, piété, bonté, reconnaissance,
Vous posséder, n'est-ce pas le bonheur?

5.

Puissions-nous, chaque jour, bannissant toute envie,
Bien pratiquer le support mutuel,
Toujours nous entr'aider durant toute la vie,
Nous entr'aimer et mériter le ciel !

Du caractère.

Mlle EUDOXIE

Mesdemoiselles, décidément le sort nous en veut.
La dernière fois, c'était *le mérite*. Il a fallu mettre
notre esprit à la torture, pour en faire sortir
quelques idées. Aujourd'hui, c'est *le caractère*.
Que faire avec un sujet si difficile, si ingrat? On
dit que chacun a son caractère. Il y en a donc
des millions, des millions. On dit aussi que le pire
des caractères est de ne point en avoir. Comment
n'en point avoir, si chacun a le sien? Je m'y
perds. Du reste, je suis toujours d'avis qu'on tire
au sort le sujet : c'est le moyen de nous fixer;
autrement, chacune proposerait le sien, et nous
recommencerions l'histoire de la tour de Babel.

Mlle ZOÉ

J'ai dit à maman : Ma petite maman, dites-moi

mon caractère, s'il est bon ou mauvais. Elle m'a dit : « Ma fille, tu es gentille comme un ange.... quand tu dors. — Et quand je ne dors pas, maman ? — Quand tu ne dors pas.... voilà. » Eh bien, voilà.

Mlle LISETTE

Moi, j'ai demandé mon caractère à mon grand frère. Il m'a dit : « Tu as le caractère d'une linotte. — Oh ! tant mieux ; c'est si gentil, une linotte ! » Et il a éclaté de rire.

Mlle CONSTANCE

Ce n'est pas tout de rire. Moi, je ne ris pas. Il y a huit jours que je cherche *ce maudit caractère* sans pouvoir le trouver. Caractère, caractère.... c'est quelque chose, on le sent bien. Mais qu'est-ce que c'est ? Ce n'est pas l'esprit, ce n'est pas la mémoire, ce n'est pas l'imagination. Ce n'est ni vice ni vertu, ce n'est ni l'âme ni le corps. Qu'est-ce que c'est ? Il y a de quoi se renverser la tête ; j'en donne ma langue au chat.

Mlle JEANNE

Oh ! que c'est drôle ! moi je l'ai trouvé du premier coup. Le caractère, c'est le caractère, comme un manchon est un manchon, un ruban est un ruban. Il ne faut pas chercher midi à quatorze heures. J'ai un frère qui me querelle toujours; je dis : C'est un mauvais caractère. J'ai une sœur qui m'aime bien; je dis : C'est un bon caractère. Et ainsi des autres.

Mlle AMÉLIE

Voilà un procédé très-commode. Je ne connais pas la clef d'ut, je demande ce que c'est, et on me répond : C'est la clef d'ut. Grand merci! Un vieux livre dit que le caractère est *l'état habituel de l'âme*. « Le caractère, dit ce livre, tient à la » fois de l'esprit et du cœur. L'esprit est plus ou » moins actif, intelligent; il voit, il connaît plus » ou moins. Le cœur a aussi plus ou moins d'acti-» vité, de chaleur, d'énergie. L'esprit et le cœur » réagissent constamment l'un sur l'autre, et l'âme, » sous l'influence de cette double action, se forme » des habitudes d'où résulte *le caractère*. » Cette pensée, *le caractère est l'état habituel de l'âme*, je la comprends; mais la réaction de l'esprit sur le cœur et du cœur sur l'esprit, je ne la comprends

pas, tandis que je vois clairement qu'*un manchon
est un manchon.*

Mᶦˡᵉ LUCIE

Ah! voilà déjà une bonne idée sur le caractère,
l'état habituel de l'âme. Quant à la réaction, on
me l'a expliquée par une comparaison. L'homme
est comme un navire. Dans un navire, il y a deux
forces, une force d'*impulsion* et une force de *direction.* La force d'*impulsion* est dans la vapeur
condensée dans la chaudière; la force de *direction*, dans le gouvernail tenu par le pilote. De
même dans l'homme. La force d'*impulsion* est dans
le *cœur*, la force de *direction* dans l'*esprit*. Pour
que le navire aille bien, les deux forces sont nécessaires : sans la force d'*impulsion*, le navire demeure immobile; sans la force de *direction*, il
erre au hasard et va se briser contre un écueil. Il
faut de plus que ces deux forces soient proportion-
nelles. Ainsi dans l'homme. Sans le cœur, pas de
volonté : l'homme est inerte; sans l'esprit, pas de
direction : l'homme s'égare. Les deux forces doivent
s'accorder, doivent être en harmonie. Cette harmonie constitue la perfection de l'homme et par suite
celle du *caractère.*

Mlle CLAIRE

Très-bien, mademoiselle, votre comparaison
éclaircit tout. On voit, par la pensée du vieux
livre, que le caractère tient à la fois de l'esprit et
du cœur, et que l'esprit et le cœur réagissent l'un
sur l'autre. Pour former le caractère, il faut donc
former l'esprit et le cœur, et de plus les mettre en
accord. Voilà la grande affaire.

Mlle EUDOXIE

Vous avez raison, mademoiselle, c'est vraiment
la grande affaire. L'esprit se forme par la connaissance du vrai, et le cœur par l'amour du bien.
Eclairé par la vérité, l'esprit connaît et estime
chaque être à sa valeur. Il conçoit pour Dieu, Etre
infini, une estime infinie. L'être créé, n'étant rien
par lui-même, n'est estimé qu'en Dieu et pour
Dieu. L'homme s'humilie en connaissant son néant;
mais, en demeurant humble, il s'estime *en Dieu*,
à l'égal d'un être immortel. La connaissance du
vrai détermine l'amour du bien. Ainsi se forme
le caractère, qui devient à la fois humble et sublime, humble jusqu'à l'abnégation, sublime jusqu'à l'héroïsme de la charité. Si, au contraire,

l'homme se livre à l'erreur ; si, croyant être quelque chose *par lui-même*, il s'estime *pour lui-même :* dès lors, s'aimant *pour lui-même*, dans son âme et dans son corps, il deviendra *orgueilleux* et *sensuel*. Plus il s'aimera ainsi *en lui-même*, plus il deviendra égoïste, plus son caractère sera dépravé.

Mlle CLAIRE

Mais la plupart des caractères ne sont ni très-bons ni très-mauvais ; à quoi cela tient-il ?

Mlle EUDOXIE

Cela tient, ce me semble, à ce que l'esprit et le cœur se développent dans un milieu où se mêlent le vrai et le faux, deux principes qui se neutralisent. Le développement ne s'opère complètement ni dans un sens ni dans un autre. Cela tient aussi à notre pauvre nature dégénérée, à la lutte des bons et des mauvais instincts. On a remarqué que le développement est souvent fort inégal. L'esprit se développe aux dépens du cœur, et le cœur aux dépens de l'esprit.

Mlle ZÉLIE

Je voudrais bien savoir lequel vaut mieux, ou

un grand cœur avec un petit esprit, ou un grand esprit avec un petit cœur.

Mlle EUPHRASIE

Avec un petit esprit, on ne voit pas plus loin que son nez; on donne de l'importance à des riens, à des minuties; on traite légèrement les choses les plus graves; on est entêté, obstiné. Un petit esprit tombe aisément dans le scrupule et dans l'entêtement. C'est par petitesse d'esprit qu'une jeune personne devient frivole et vaniteuse. L'*impulsion* désordonnée du cœur fait commettre mille imprudences, mille témérités. Si, au contraire, c'est le cœur qui fait défaut, eût-on un vaste esprit, on sera toujours plus ou moins égoïste, sans courage dans le danger, sans pitié, sans commisération pour le malheur, sans enthousiasme pour les grandes choses, sans ferveur dans la prière, toujours froid, sec, glacé.

Mlle LOUISE

Je vois bien maintenant que, pour avoir un bon caractère, il faut accorder l'esprit et le cœur. Souvent j'ai entendu dire : *de la tête, mais pas de cœur*; ou bien : *du cœur, mais pas de tête*, ou *mauvaise tête.* Comment établir l'accord ? comment s'y prendre pour *pondérer* les deux forces d'*impulsion* et de *direction* ?

Mlle CATHERINE

Il faut d'abord opérer sur la volonté : elle est le grand ressort de l'âme. Or la volonté se travaille comme le fer; elle se façonne et se durcit sur *l'enclume du devoir,* sous le *marteau du commandement.* Voyez le vieux soldat. Quel beau caractère ! C'est que le vieux soldat est habitué à obéir promptement, spontanément, de plein gré, à un commandement bref, précis, absolu. Cette habitude donne au caractère une *trempe* admirable. Voyez le saint qui a lutté énergiquement contre lui-même. Quelle force et tout à la fois quelle douceur, quelle agilité et quelle grandeur d'âme !

Mais l'homme qui a toujours fait sa volonté propre, n'a ni volonté ni caractère. Ce n'est qu'un esclave, jouet du caprice et de la passion, faible, lâche, sans consistance, tournant à tout vent, incapable de vertu, insupportable à lui-même et aux autres.

La volonté, une fois formée, met en mouvement toutes les autres facultés de l'âme; l'esprit devient attentif, docile et diligent ; le cœur, prompt, actif, généreux.

Mlle JEANNETTE

Moi, je n'aime pas cette *enclume* et ce *marteau ;* cela me fait frémir. Je suis bien assurée que papa et maman ne s'en serviront jamais. Quand je ne veux pas obéir, maman me donne des bonbons, et j'obéis. Papa me dit aussi : « Allons! ma petite, tâche d'obéir. Si tu obéis bien, nous t'achèterons une belle robe pour l'Pâques. » J'ai déjà gagné trois belles robes, sans compter un beau bonnet à rubans roses.

Mlle EUSÉBIE

Mademoiselle, je doute que vous ayez plus tard un caractère couleur rose. La formation du caractère est l'œuvre d'une bonne éducation, œuvre infiniment difficile, puisqu'elle suppose tout à la fois la formation de la volonté, de l'esprit, du cœur, et l'accord, l'heureuse harmonie de ces trois facultés. Aussi, rien de plus rare qu'un beau et bon caractère, et néanmoins, après la vertu, rien n'est plus important.

Du travail.

Mlle CAROLINE

Mesdemoiselles, le sort, en nous donnant le *travail* pour sujet de conversation, nous a vengées des peines que nous a causées le *caractère*. Cette fois nous pourrons babiller à l'aise sur le *travail* : ce sera un délassement. Rien, en effet, de plus simple que le travail ; des enfants de cinq ans pourraient en causer. Que dites-vous, petite Lise ?

Mlle LISE

Je travaille, tu travailles, il ou elle travaille, nous travaillons, vous travaillez, ils ou elles travaillent. Je le dirai bien tout au long jusqu'à *l'infinitif présent*. Il se conjugue sur le verbe *aimer*.

Mlle ZOÉ

On ferait bien mieux de le conjuguer sur le verbe

haïr. « Lève-toi pour travailler — travaille donc — vite à la besogne — avance, ici, là, expédie. » Voilà le refrain de chaque jour. Est-ce vivre ? Il fait si bon dormir ! Quel bonheur si on n'avait rien à faire !

Mlle ANNA

Maman m'a dit que les marmottes dorment six mois. Mais ça n'empêche, je ne voudrais pas être une marmotte.

Mlle BERTHE

Ni moi une limace. C'est si long, si engourdi, si paresseux, une limace ! Mais l'écureuil, quelle différence ! comme il est vif, agile ! comme il tricote sur sa roue ! Et le papillon, et l'abeille, et l'hirondelle !

Mlle JUDITH

Bien babillé, mais le babil n'avance à rien. La question du travail est bien plus sérieuse qu'on le pense. Je suis encore tout effrayée de ce que j'en ai lu dans un livre. *Le travail*, dit ce livre, *est la loi de l'homme; loi formidable, qui décide pour lui de cette vie et de l'autre.*

Mlle ANAÏs

Tout à l'heure on disait que rien n'est plus simple que le travail. A quoi faut-il s'en tenir? Chacun sait bien que le travail ne plaît pas à tout le monde ; mais ce n'est pas une raison pour effrayer les gens.

Mlle JUDITH

Ecoutez , le livre explique tout. Il faut avoir du travail une idée beaucoup plus élevée que celle que nous en avons. L'homme, étant à la fois libre et perfectible , a pour loi de tendre à la perfection et d'y tendre par sa propre activité. Avant sa chute , le premier homme obéissait spontanément à la loi de sa nature, aspirait à s'unir à Dieu, souverain bien de l'homme, aussi naturellement que l'œil s'ouvre à la lumière. Depuis la chute originelle, ce n'est qu'avec peine, avec effort, que l'homme dirige son intelligence vers la vérité, son cœur vers le bien. On dirait un malade qui n'a pas la force de marcher, ou un nageur qui remonte le courant d'une rivière. Ce pénible effort prend le nom de *travail*, et quand le travail est ce qu'il doit être, il est la *vertu* même.

Mlle SUZETTE

Tiens, en voilà une autre ! Moi, je voulais dire que le travail est affaire d'ouvriers, que je m'en moquais. Maintenant je ne sais plus que dire. Il faudra donc que tout le monde travaille.

Mlle THÉRÈSE

Oui, tout le monde, tous ceux qui ont l'usage de la raison; il n'y a d'excepté que les fous.

Mlle SUZETTE

Mais les riches, pourquoi travailleraient-ils, puisqu'ils sont riches? C'est tout le contraire; ils doivent laisser travailler les pauvres.

Mlle THÉRÈSE

Il est vrai, quand on est riche, on n'a pas besoin de travailler pour le devenir. Malheureusement personne n'est riche comme on doit l'être, personne n'est assez riche en instruction, en piété, en vertu. Il faut donc que tout le monde travaille.

Mlle SUZETTE

Je ne comprends pas bien ce travail. Est-ce que,

par hasard, tout le monde sera condamné *aux travaux forcés?* ce serait une jolie affaire.

Mlle GERTRUDE

Mademoiselle, si vous vivez un peu longtemps, la vie humaine vous fera comprendre le travail plus que vous ne voudrez ; car tout est travail dans la vie humaine : travail de l'âme et du corps, travail de l'esprit, de l'imagination, de la mémoire, de la volonté ; le travail de l'enfance, de la jeunesse, de tous les âges, de tous les états. Le travail est la loi universelle.

Mlle AUGUSTINE

Oh ! j'y suis : la vie humaine, c'est le *travail;* l'autre vie, ce sera le *repos : Requiescant in pace. Amen.* Mais de tous les travaux, quel est le plus important, le plus indispensable ?

Mlle EUDOXIE

Le plus indispensable de la vie matérielle, c'est l'agriculture, sans lequel le genre humain mourrait de faim. A l'égard de l'âme, le plus important, est celui de l'âme sur elle-même. L'âme doit combattre incessamment ses mauvais instincts d'orgueil,

de vanité, de jalousie, d'amour-propre, de sensualité, de cupidité, de colère, de paresse. Sans
ce combat, elle tombe dans la dégradation, dans
l'abîme du mal.

Mlle AUGUSTINE

Passe pour l'agriculture, pour ne pas mourir de
faim. Mais ce combat de l'âme contre elle-même,
c'est une autre paire de manches. Premièrement,
je n'y comprends rien; secondement.... Enfin,
voilà.

Mlle EUDOXIE

En moins d'une seconde, vous aurez tout compris. On est orgueilleuse, vaniteuse, paresseuse :
il faut être humble, modeste, laborieuse. Alors,
que faire ? N'avez-vous pas compris ?

Mlle AUGUSTINE

Et vous appelez cela le travail de l'âme contre
elle-même ?

Mlle EUDOXIE

Oui, sans doute; travail sublime qui fait, d'un
être dégénéré, un saint, un ange.

Mlle EUSÉBIE

Cette fois tout le monde a compris la question du travail. Il ne s'agit plus que d'apprécier le travail à notre âge. C'est dans la jeunesse qu'on doit s'affermir dans la piété. Voilà pour nous le travail de l'âme. Quel divin travail! S'unir à Dieu par la prière, les sacrements, par toute l'affection dont nous sommes capables; s'unir à Dieu pour mériter l'éternelle union du ciel! Oh! c'est à ravir.

Quant au travail corporel, je n'ai pas assez réfléchi là-dessus pour en parler.

Mlle LAURE

Dans un livre que m'a donné ma tante, on dit qu'après la piété, la plus grande qualité d'une demoiselle est d'être *bonne ménagère*. Ce livre blâme fort l'éducation frivole et superficielle. « Autrefois, dit-il, tout était grave dans l'éducation des demoiselles. Le travail des mains était le principal exercice. Les princesses, les reines même savaient *tourner le fuseau, filer la quenouille*. Pas une dame qui ne sût tenir un ménage. La maîtresse de maison avait l'œil à

» tout, dirigeait tout, réglait tout, jusqu'aux plus
» minces détails de la cuisine.

» Aujourd'hui on sait fredonner une chanson-
» nette, broder je ne sais quoi, causer de tout
» un peu, même de chimie; on sait poser, prendre
» des airs ennuyés, on sait bâiller : le bâillement
» est un art, une habitude acquise. »

Mlle ZÉLIE

Mais enfin ce livre, que veut-il ?

Mlle LAURE

Il veut qu'une jeune fille sache tout faire, tailler,
couper, coudre, raccommoder, empeser, repasser,
tricoter, filer, faire la lessive, mettre en levain,
pétrir.... tout, même la soupe à l'ail, et, de plus,
il veut qu'une jeune fille soit toujours, toujours
occupée. « Quand les doigts ne travaillent pas,
» dit le livre, c'est la tête ; et quand c'est la tête,
» c'est la folle du logis, l'imagination. Puis, gare
» la paresse! on devient bâilleuse, et l'éducation
» est finie. »

Remarquez que ce livre a pour auteur une grande
dame, d'une grande réputation d'esprit, de cœur
et de raison.

Mᴵˡᵉ ZÉLIE

Oh ! la soupe à l'ail ! J'en sais bien d'autres. Maman ne plaisante pas sur les articles *ignorance* et *bras-croisés.* Elle sait, je crois, tout par cœur le livre de la grande dame. Quand maman a dit, c'est dit. Il faut voir comme elle dégourdit son monde : notre maison est une ruche d'abeilles. Aussi les compliments pleuvent sur maman.

Mᴵˡᵉ EUSÉBIE

Mademoiselle, vous avez une excellente mère. Le travail toutefois, sans l'intention et le motif qui le sanctifient, ne serait pas *méritoire.* On peut travailler uniquement pour gagner de l'argent, par cupidité ou vanité, par un motif purement temporel. Il faut travailler *pour Dieu* et *selon Dieu : pour Dieu,* car nous devons rapporter à Dieu tous nos actes; *selon Dieu,* car Dieu veut que nous évitions l'oisiveté, *mère de tous les vices,* et que par le travail nous expions nos fautes. A ces conditions, rien de plus important, rien de meilleur que le travail; il est, comme nous l'avons dit, *la vertu même.*

Sur l'œuvre de la Sainte-Enfance, à propos d'une loterie.

Mlle ÉLISE

Pauvres petits Chinois ! Comme ils vont être contents !

Mlle ANNE

Mais vous oubliez, mademoiselle, que les enfants, à cet âge, n'ont ni sentiment ni intelligence.

Mlle ÉLISE

Les anges n'en manquent pas, j'espère. Ces pauvres petits meurent presque tous. La grâce du baptême leur ouvre le ciel, ils sont heureux pour jamais. Quel bonheur ! quelle joie infinie ! Et quand du haut des cieux ils voient les enfants qui ont contribué à leur bonheur, oh ! comme ils doivent être reconnaissants ! comme ils doivent prier pour eux !

Mlle ANNA

C'est vrai, tout de même, je n'y pensais pas. Ces pauvres petits prient pour nous ! Des anges qui prient pour nous, oh ! c'est à ravir !

Mlle JEANNE

Mesdemoiselles, est-ce que nous jouons aux charades ? Chinois — anges — prières. De quoi causez-vous donc ? On va tirer une loterie ; j'y ai des billets, j'attends qu'on la tire. Pour cela, il n'est pas nécessaire d'aller jusqu'à la Chine.

Mlle EUDOXIE

Vous tombez de la lune, mademoiselle. Vous ne connaissez donc pas l'*Œuvre de la Sainte-Enfance ?*

Mlle JEANNE

J'en connais le nom maintenant, puisque vous venez de le dire : *Œuvre de la Sainte-Enfance ;* mais voilà tout.

Mlle EUDOXIE

Oh ! peut-on ignorer une telle œuvre, une œuvre connue de toute la France depuis plus de vingt ans ! Je vais vous en donner une idée. En Chine, dans les contrées où règne encore l'idolâtrie, un grand nombre d'enfants sont sacrifiés aux faux dieux, c'est-à-dire au démon, car le démon seul peut conseiller de tels forfaits. Parmi ces enfants, les uns sont déposés sur l'eau et livrés au courant du fleuve. Ce qui est plus affreux encore, d'autres sont exposés dans les rues, où ils deviennent la proie des chiens et des pourceaux.

Mlle JEANNE

Quelles horreurs ! Et vous croyez ces horreurs? sont-elles possibles ?

Mlle EUDOXIE

Hélas ! hélas ! elles sont très-réelles. Elles sont attestées par les voyageurs, par les missionnaires, par l'histoire de ce malheureux pays. Ce sont ces horreurs qui ont inspiré aux missionnaires la pensée d'acheter ces enfants à prix d'argent pour leur donner le baptême et les élever chrétiennement. Mais, comme on l'a dit tout à l'heure, ces pauvres enfants meurent presque tous. Les parents, très-avides d'argent, les remettent pour peu de chose. Quand l'*Œuvre de la Sainte-*

Enfance s'établit; il fut réglé qu'on donnerait, pour y parvenir, *un sou par mois.* On s'adressa tout particulièrement aux enfants. L'œuvre est aujourd'hui universellement répandue en France et dans les pays voisins.

Mlle JEANNE

Un sou par mois ! Ah ! si je l'avais su plus tôt, moi qui ai dépensé tant de sous en bonbons ! Ah ! j'en pleurerai toujours ! Pauvres enfants ! Pour si peu, leur procurer un si grand bien !

Mlle SUZETTE

L'an passé, maman voulait m'acheter un beau ruban bleu. Je lui dis : « Ma petite maman, j'aime mieux les sous que les rubans ; » et je lui racontai l'histoire des petits Chinois. Maman m'embrassa et me donna douze sous tout d'un coup et le ruban bleu par-dessus.

Mlle CHARLOTTE

J'ai entendu raconter une jolie histoire. Une pauvre petite orpheline n'avait point de sous pour être de la Sainte-Enfance. Que fit-elle ? Jamais personne ne pourrait le deviner. Elle se fit apprendre une petite chanson, s'habilla en mendiante et alla chanter dans une grande réunion où il y avait beaucoup de monde. Quand elle en sortit, elle avait juste trente-six sous. Comme elle était heureuse ! Voici sa petite chanson :

C'est la petite mendiante
Qui vous demande un petit sou ;
Donnez à la pauvre innocente,
Donnez, donnez un petit sou !
N'oubliez pas sa misère :
Votre cœur vous dira pourquoi.
Donnez : je n'ai plus de mère !   } bis.
Ayez, ayez pitié de moi !

Et il fallait voir comme elle joignait ses petites mains ! comme elle suppliait des yeux ! comme sa voix mouillée de larmes pénétrait l'âme ! Elle eût attendri un marbre.

Mlle ANETH

Moi, je ne voudrais pas pour trente-six sous m'habiller en mendiante ; on se moquerait de moi.

Mlle EUSÉBIE

S'habiller en mendiante pour faire une bonne

œuvre est un acte admirable, d'autant plus admirable que la vanité s'y prête moins. Oh ! que la vanité est sotte de tant craindre le *qu'en dira-t-on ?* On cause, on jase, et il n'en tombe pas un seul cheveu de la tête. Etre habillée pauvrement ou richement, qu'est-ce que cela fait à la conscience ? L'essentiel est d'avoir un bon cœur. L'acte héroïque de la petite orpheline lui vaudra, dans le ciel, une récompense infiniment plus précieuse que tous les biens de ce monde, que tous les honneurs de la terre.

Mlle ANETH

Je ne dis pas non ; mais tout de même on s'est bien moqué de moi quand j'ai demandé un sou à mes parents pour les petits Chinois. C'était un jour de foire ; on montrait les *Ombres chinoises* dans une baraque. On m'a dit : « Tu veux aller voir les *Ombres chinoises ?* Va voir plutôt les ombres de la nuit dans ton lit. » Mon petit frère riait de toutes ses forces de me voir *aller coucher avec les poules.* Ma petite sœur riait aussi et me *faisait les cornes.* J'en pleurai toute la nuit. J'en ai boudé huit jours.

Mlle THÉRÈSE

Oh ! mademoiselle, quelle belle occasion vous

avez manquée de faire aussi un acte héroïque ! Vos
parents avaient mal compris. Si vous aviez offert au
bon Dieu cette épreuve de votre amour-propre,
quel beau sacrifice ! Il y avait de quoi mériter le
ciel et obtenir, à l'instant même, une consolation
ineffable. Tandis qu'en prenant la chose *tout hu-
mainement*, vous avez pleuré toute une nuit et
avez eu huit jours de bouderie.

Mlle ANETH

Que fallait-il donc faire ?

Mlle THÉRÈSE

Ce que vous avez fait, mais en disposant votre
cœur autrement, en disant au bon Dieu que vous
acceptiez cette épreuve, cette humiliation, en
expiation de vos fautes et pour l'amour de lui.
Le bon Dieu est si bon qu'il récompense éternelle-
ment ces petits sacrifices que lui offre le cœur.

Mlle ZOÉ

Moi qui ai pris cinq billets de la loterie, je voudrais bien savoir si cela me vaudra quelque chose
pour le ciel.

Mlle CÉLESTINE

Oh ! n'en doutez pas, mademoiselle. Vos cinq billets, vous les avez pris pour procurer à quelques petits Chinois la grâce inestimable du baptême, du baptême qui ouvre le ciel ! Vous avez fait un acte de charité très-agréable à Dieu et très-méritoire. Vous avez pris autant de billets que vous pouviez en prendre. Le bon Dieu tient compte de l'intention ; il vous récompensera comme si, pouvant prendre mille billets, vous en aviez pris mille.

Mlle JULIETTE

Oh ! moi je n'en ai pris qu'un. On m'avait donné trois sous pour mes étrennes : ma tante un sou, mon parrain un sou, et ma marraine un sou. Je n'ai pu prendre qu'un billet. J'espère qu'il me portera bonheur.

Mlle CATHERINE

Vous pouvez l'espérer en toute confiance. Votre billet est le *denier de la veuve*. La pauvre veuve de l'Évangile, qui ne put mettre qu'un denier, fit aux yeux de Dieu une grande aumône. Je souhaite que votre billet vous rapporte déjà, comme récompense temporelle, une belle boîte de bonbons.

Mlle JULIETTE

Maman a dit que les bonbons ne se mangent pas chez nous; je ne voudrais pas contredire maman.

Mlle LAURE

Eh bien, s'il me vient une boîte de bonbons, ce n'est pas le chat qui les mangera. Ce sera ma petite sœur et mon petit frère, qui en mangent tous les jours, ainsi que moi. Des bonbons fins, s'entend. Pour avoir plus de sous l'an prochain et prendre plus de billets (plus on en prend, plus on a de chances), je vendrai ma poupée qui est déjà un peu vieille; on m'en achètera une plus jolie; j'aurai double avantage : deux boîtes de bonbons valent mieux qu'une. Voilà comment je m'arrange. On dit que les *Annales de la Sainte-Enfance* sont assez jolies. Je ne lis pas. Un monsieur m'a dit que c'est trop sérieux pour moi, et que d'ailleurs la Chine est à cinq mille lieues d'ici. C'est égal, l'idée me prend de les lire, je les lirai. Je lis Cendrillon, le Petit Poucet, Chatbotté. Ça ne m'amuse pas encore assez. Je lirai les *Annales.*

Oh ! oui , mademoiselle, lisez, lisez les *Annales de la Sainte-Enfance*, que vous admirerez, dont vous serez charmée, quand vous les connaîtrez.

Lisez aussi les *Annales de la Propagation de la foi*, pour pénétrer votre âme des nobles sentiments qu'inspire la religion chrétienne. Vous le savez comme moi, mademoiselle, *on ne pense qu'avec les idées que l'on a, et l'on n'a que les idées que l'on a reçues.* Il est donc infiniment important de n'avoir que des idées vraies, nobles, élevées. C'est avec ces idées que se forme le cœur. Vous savez aussi que notre pauvre nature humaine a de mauvais instincts que nous sommes obligés de réprimer.

A vous, mademoiselle, qui avez de l'intelligence et du cœur, il ne faut plus les idées d'une petite enfant ; il faut les idées grandes, généreuses, sublimes, que vous trouverez dans les deux *Annales.*

Mademoiselle, je vous remercie. Vous m'avez dit

la vérité avec tant de ménagement, de délicatesse, de bienveillance, que je suis touchée jusqu'au fond de l'âme. C'est votre cœur qui m'a parlé. Vous avez été bonne, indulgente pour moi. J'ose vous assurer que votre cœur a commencé la conversion du mien. Le Ciel, j'en ai l'espoir, achèvera votre œuvre.

Mlle ZÉLIE

Ah ! qu'il me tarde de savoir si j'aurai quelque chose ! J'en grille. C'est comme cette petite fille qui grille d'avoir une poupée. Moi, j'en ai trois, je n'en demande pas quatre.

Il y a tant de jolies choses à la loterie ! Si j'avais à choisir.... mais je ne veux rien dire. J'ai bien aussi une petite sœur qui mange très-bien les *fruits confits : elle en est chatte.* Enfin, nous allons voir : l'eau m'en vient à la bouche.

Mlle RUSÉBIE

Mademoiselle ; le tirage va commencer. Si vous n'obtenez rien pour votre petite sœur, conseillez-lui d'attendre à l'année prochaine. Peut-être y aura-t-il encore *des fruits.* Mais que dis-je ? l'année prochaine, votre petite sœur aura grandi d'un an ; elle sera devenue tout à fait raisonnable et laissera le défaut de la gourmandise aux petites chattes. Allons ! commençons.

CHŒUR

Trésor de célestes faveurs,
Œuvre à jamais bénie ! aux enfants de la France,
  Sois toujours chère , ô Sainte-Enfance !
  Sois toujours chère à tous les cœurs. (*bis.*)

1er COUPLET

(*Petites Chinoises à genoux.*)

Donnez aux enfants de la France,
O Dieu qui connaissez nos vœux,
Les vœux de la reconnaissance,
Donnez tout le bonheur des cieux !

CHŒUR. Trésor, etc., etc.

2e COUPLET

(*Petites Chinoises.*)

Hélas ! hélas ! dès la naissance
Nous étions un objet d'horreur ;
Mais, grâce aux enfants de la France,
La vie est pour nous un bonheur !

CHŒUR. Trésor, etc., etc.

3ᵉ COUPLET (solo).

(Une petite Chinoise.)

Plus d'erreur : mon intelligence
Voit le jour du divin Soleil.
La foi des enfants de la France
M'a révélé le Dieu du ciel !

    CHŒUR. Trésor, etc., etc.

4ᵉ COUPLET (solo).

(Une petite Chinoise.)

O sainte, ô céleste science,
O sublime et divine foi,
O foi des enfants de la France,
Puissé-je un jour mourir pour toi !

    CHŒUR. Trésor, etc., etc.

Esprit et bon sens.

Mlle EUDOXIE

Mesdemoiselles, notre *conversation* va rouler aujourd'hui (rouler est bien le mot) va rouler sur l'*esprit* et le *bon sens*. Je gage que le grand nombre a pris parti pour l'*esprit*. Voyons, vous, petite Aglaé, dites-nous de quel parti vous êtes.

Mlle AGLAÉ

Je suis pour l'*esprit*. Maman a toujours dit que j'aurai beaucoup d'esprit. « La petite, disait-elle à ma tante, laissez-la grandir; bien fin qui lui en revendra. Elle n'a pas l'air de s'apercevoir de rien, mais.... Au reste, il ne faut pas flatter les enfants. »

J'ai compris que maman voulait dire que j'aurai beaucoup d'esprit. Je suis pour l'esprit.

Mlle ANAÏS

Je ne sais pas si j'aurai beaucoup d'esprit ; maman n'en dit rien. Mais j'ai souvent entendu parler du *gros bon sens*, et c'est pourquoi je ne l'aime pas ; j'aime mieux l'esprit.

Mlle CAROLINE

C'est vrai, on dit *le gros bon sens*, et l'on ne dit pas *le gros esprit*. Au contraire, on dit de l'esprit qu'il est fin, délié, subtil. Maman disait une fois de moi : « C'est une petite maligne, un esprit fin. » Une autre fois, elle disait de ma cousine, qui a fait son éducation à Paris : « Elvire pétille d'esprit, mais c'est tout. — Et moi, maman, n'irai-je donc pas à Paris comme Elvire ? — Laisse donc là ton Elvire. — Oui, maman, j'irai à Paris et laisserai là Elvire. » Pauvre Elvire ! Elle s'ennuie à mourir. Elle dit que la province est fade, insipide, rebutante.

Mlle SOPHIE

Mademoiselle, je comprends tout autrement l'avis de votre mère. Il me semble qu'il ne s'agit pas d'aller à Paris ; car, au retour, la province pourrait vous devenir *fade, insipide, rebutante.* Mais, mademoiselle, eussiez-vous tout l'esprit de Paris, la province resterait la province. Or la province, c'est la France, moins Paris. La France *fade, insipide, rebutante!...* Rien qu'un petit grain de *bon sens* guérirait Mlle Elvire. Les Parisiens, tout badauds qu'on les dit, aiment la province, recherchent la province, le soleil, les montagnes, les plaines, les prairies, les fleurs, l'air embaumé de la province.

Mlle JEANNETTE

C'est vrai tout de même; je n'y aurais jamais pensé. Je m'étais rangée du côté de l'*esprit*, et je vois maintenant que le *bon sens* est bien quelque chose. Je vous remercie, mademoiselle; sans vous j'allais donner dans l'*esprit* comme un oiseau dans un filet.

Mlle ANNA

Je ne veux pas dire que le *bon sens* n'est rien ; mais l'esprit ! l'esprit est infiniment au-dessus. Où il n'y a pas d'esprit, qu'y a-t-il? de la sottise, de l'ineptie, de la bêtise. Vous faites une faute, vite vous êtes une sotte ; votre chapeau coiffe mal, vous êtes une sotte; vous marchez mal, vous êtes une sotte. A tout instant, on vous reproche de manquer d'esprit. Quant aux dames parisiennes, c'est autre chose. « Nos dames parisiennes, dit un Manuel de » la politesse, nos dames parisiennes savent si » bien pincer le haut pavé, qu'elles feront tou- » jours le désespoir des provinciales débutantes. »

C'est désolant ! Nous ne savons pas même pro- noucer le mot Paris, car Mlle Elvire prononce Péris. Pour en finir, je n'entends que vanter l'esprit : *Madame a beaucoup d'esprit, mademoiselle est tout esprit.* J'ai même entendu dire d'un commis- voyageur : *C'est un garçon d'esprit.* Est-ce qu'on parle du *bon sens ?* Jamais.

Mlle BERMANCE

Oh ! mademoiselle, nous sommes à cent lieues l'un de l'autre. Pour vous, il n'y a rien au-dessus de l'esprit ; pour moi, il n'y a rien au-dessus du bon sens. « Le *bon sens,* dit un livre que j'ai lu et » relu, le *bon sens* voit juste ; il discerne le vrai » du faux dans une question, l'avantage réel de » l'apparence dans une entreprise, le bon du mau- » vais dans une action. Il éclaire l'esprit, l'em- » pêche de s'égarer ; *il est,* dit Bossuet, *le maître* » *des affaires de ce monde.* Rien n'est plus rare » que le *bon sens.* »

Le même livre ajoute : « Le bon sens n'exclut pas
» l'esprit, mais il peut s'en passer. L'esprit est
» l'éclat d'une pièce de monnaie, qui n'en a pas
» plus de valeur. Enfin, dit le livre, un peu de
» bon sens ferait sortir des maisons de santé des
» milliers de gens d'esprit. »

Vous voyez, mademoiselle, que le *bon sens* est
tout et l'*esprit* peu de chose.

Mlle ANNA

Je vois, en effet, que nous sommes à cent lieues.
C'est sans doute un étrange malentendu ; mais je
ne sais comment le faire disparaître.

Mlle HORTENSE

Il y a l'esprit sans le bon sens, et le bon sens
sans l'esprit. La distance qui les sépare est au
moins de cent lieues.

Le bon sens sans l'esprit reste le bon sens, ce
bon sens qui suffit au gouvernement de la vie, qui
donne à l'âme l'intelligence du vrai et du bien, la
préserve de l'erreur, la guide dans la voie du juste
et de l'honnête. C'est en ce sens qu'un grand
écrivain disait : « J'aime bien le paysan, parce
qu'il n'a pas assez d'esprit pour déraisonner. »

L'esprit sans le bon sens, ce n'est pas seulement cet esprit léger, futile, qui joue sur les mots, fait le calembourg, plaisante ét amuse; c'est aussi l'esprit du *docteur de village*, l'esprit des romanciers de notre temps, l'esprit de nos fabricateurs de systèmes. L'esprit sans le bon sens devient le jouet de l'erreur.

Voilà les observations que mon père m'a souvent répétées.

Mlle HENRIETTE

Je voudrais bien avoir plus d'esprit, je défendrais l'esprit d'une belle manière. Comment, mesdemoiselles, nous sommes ici pour cultiver notre esprit, nous nous piquons d'avoir de l'esprit, et nous en sommes à décrier l'esprit ! C'est chose indigne. Si l'esprit ne vaut rien, qu'on cesse alors de nous vanter l'esprit, les ouvrages d'esprit, les personnes d'esprit, qu'on nous blâme d'avoir appris à lire et à écrire; qu'on nous replonge dans l'ignorance et la barbarie. Mais non, c'est une impossibilité ; ce serait de la déraison, de la démence. Je ne comprends pas qu'on fasse de l'esprit contre l'esprit ; c'est une perfidie. C'est bien le cas de dire :

« L'esprit qu'on veut avoir gâte celui qu'on a. »

Mlle CLÉMENCE

Mademoiselle, nous sommes sur le point de nous entendre. En défendant l'esprit avec tant de vigueur, vous défendez, sans aucun doute, l'esprit juste, l'esprit droit, le bon esprit : c'est-à-dire l'esprit uni au bon sens. Le bon sens, c'est la droite raison. Il éclaire et dirige l'esprit, l'empêche de *battre la campagne*, de tourner à tout vent, d'affirmer ou nier à tort ou à travers. Le bon sens et l'esprit cultivé font le savant modeste, l'homme de mérite, l'homme de bien. L'esprit sans le bon sens ne peut que faire l'homme de rien ou le vaurien.

Mlle HENRIETTE

Je sens que nous sommes d'accord. Les *cent lieues* ont disparu en un clin d'œil, c'est mieux que le télégraphe. Mais pourquoi avons-nous tant babillé sans nous entendre.

Mlle CLÉMENCE

Mademoiselle, nous aurions babillé jusqu'à la nuit et même beaucoup plus longtemps, si nous avions manqué d'un peu de bon sens. S'entendre !

rien au monde n'est plus difficile. Mon grand-père m'a souvent fait toucher cela du doigt.

Bon nombre de questions sont au-dessus de la portée ordinaire de l'esprit. Néanmoins, tous les esprits veulent voir, même les myopes. Là n'est pas le mal; le mal est que tous croient bien voir sans voir assez. De là une foule d'illusions.

Bon nombre de questions présentent deux, trois, plusieurs aspects différents, ce qui donne lieu à autant d'erreurs. L'arc-en-ciel est rouge, dit l'un. Non, dit un autre, il est bleu. Point du tout, réplique un troisième, il est vert.

Bon nombre de mots ont plusieurs sens. De là encore des malentendus.

Enfin, la passion trouble la vue. *L'homme passionné*, dit l'Imitation, *tourne en mal même le bien.*

Personne ne croit manquer d'esprit, et l'orgueil est là pour dire qu'on voit aussi bien que personne. De là d'innombrables erreurs, des disputes interminables.

Pour preuve, mon grand-père ajoutait que depuis trois mille ans les philosophes disputent sur tout et ne s'accordent sur rien.

Mlle ZOÉ

Mais l'arc-en-ciel n'est-il pas rouge, vert et bleu ? En quoi donc se trompent ceux qui le disent tel ?

Mlle JUSTINE

Mademoiselle, quatre autres persónnes pourraient dire encore que l'arc-en-ciel est orange, jaune, indigo, violet. Et si, n'ayant jamais vu l'arc-en-ciel, vous acceptiez le dire de l'une des sept personnes, vous seriez dans l'erreur pour six septièmes. Et si, comme il arrive ordinairement, chacun voulait faire prévaloir son idée, imaginez le babil qui s'ensuivrait !

Mlle ZOÉ

Si l'arc-en-ciel a les sept couleurs, je ne vois pas comment les sept affirmations correspondantes seraient fausses.

Mlle JUSTINE

Vous allez le voir. Chacune des sept affirmations porte sur la totalité de l'arc-en-ciel. L'une dit : L'arc-en-ciel est rouge. L'autre dit : Il est bleu.

Ainsi des autres. Chacune entend qualifier tout l'arc-en-ciel. Or l'arc-en-ciel ne peut être à la fois tout rouge, tout bleu, etc., etc. Il y a donc, dans chacune, exagération des six septièmes.

Il en est ainsi ou à peu près d'un grand nombre de questions. On a vu *un peu*, et l'on croit avoir *tout* vu, et l'on affirme que l'on a *tout* vu. Ne soyons plus étonnées des longues disputes des philosophes. Ces messieurs ont d'ailleurs *la tête près du bonnet*. C'est assez dire.

Mlle ZOÉ

Heureusement, ainsi que le dit un vieux rimeur :

« Les bons esprits toujours finissent par s'entendre. »

Mlle EUDOXIE

Enfin, nous voilà fixées sur la valeur de l'*esprit* et du *bon sens*. Il nous importait grandement de ne pas les confondre. L'esprit est si peu de chose, que les bons esprits dédaignent d'en faire usage, tandis que les petits courent après et s'éloignent ainsi du bon sens. Sans le bon sens, l'esprit prend tous les défauts, devient fat, impertinent, téméraire, sujet à tous les égarements. Le bon sens nous préservera de ces défauts en nous maintenant dans une juste défiance de nous-mêmes : dans la modestie de l'esprit, qui préserve de déraisonner : dans la modestie du cœur, qui préserve de se passionner : dans la modestie de l'âme, qui retient dans les limites du vrai et du bien.

Orgueil, humilité.

Mᶫˡᵉ EUDOXIE

Mesdemoiselles, voici la plus importante de nos conversations. Elle est ainsi qualifiée par notre vénérable et chère supérieure. Qu'est-ce que l'orgueil? Qu'est-ce que l'humilité? Il faudrait étudier bien des livres pour répondre à ces deux questions. Nous nous en tiendrons à recueillir les idées que nous avons acquises, et nous parviendrons, je l'espère, à une claire notion de l'orgueil et de l'humilité. A vous, Louise; quelle idée avez-vous de l'orgueil?

Mᶫˡᵉ LOUISE

L'idée de la grenouille qui veut devenir aussi grosse qu'un bœuf :

> Une grenouille vit un bœuf
> Qui lui sembla de belle taille....

Je n'ai pas besoin de dire le reste.

C'est maman qui m'a fait apprendre l'histoire
de la grenouille, pour me faire comprendre l'orgueil.

Mlle SUZETTE

Moi, j'ai compris l'orgueil en regardant le paon
de la basse-cour. « Regarde cette bête, me disait
maman ; comme elle s'enfle ! comme elle se ren-
gorge ! comme elle tourne sur elle-même pour
montrer sa queue ! A force de vouloir se faire ad-
mirer, elle devient ridicule. C'est pourquoi on dit
des orgueilleux qu'ils se *pavanent*, parce qu'ils
imitent cette bête. »

Mlle ÉLISE

Mon idée sur l'orgueil est celle du catéchisme :
l'orgueil est une estime déréglée de soi-même. Si
l'on s'estime trop ou trop peu, l'estime est déréglée :
cela se conçoit. Mais combien chacun peut-il s'estimer ? Il me semble que Dieu seul le sait. Les
livres disent, tantôt que l'homme n'est rien,
moins que rien ; tantôt que l'homme est un être
admirable, sublime, divin. Je m'y perds. Puisque
l'homme existe, l'homme est quelque chose. Mais
quelle est la valeur de l'homme ? Je ne sais.

Mlle CÉSARINE

Si chacun pouvait mesurer sa valeur, ce serait très-commode. Mais je crois qu'il faudrait alors augmenter de beaucoup le nombre des *vérificateurs de poids et mesures*. Chacun sent bien qu'il est quelque chose ; seulement chacun veut paraître plus qu'il n'est. Voilà mon idée sur l'orgueil.

Mlle SOPHIE

Chacun peut connaître et mesurer sa valeur. Il y a pour cela un moyen bien simple, très-facile ; se faire chacun cette question : *Suis-je un être créé ?* Je suis un être créé, donc je ne suis rien *par moi-même*, absolument rien ; donc je ne puis m'estimer *pour moi-même* : ma valeur égale zéro : toute estime *directe* de moi-même est une erreur. Cela est clair comme la lumière.

Mlle CÉSARINE

Il y a une lumière qui éblouit. Vous ne mettez donc point de différence entre les êtres créés ? Le grain de sable, l'arbuste, l'insecte, l'homme et l'ange, c'est tout un ? Et tout n'est rien ? Il va sans dire que je suis un être créé. Mais quelle immense différence entre l'atome et l'être humain !

Mlle SOPHIE

Entre l'atome et l'intelligence la plus élevée de la création la différence est plus grande encore, et, nonobstant cette différence, le chérubin et le séraphin ne pourraient sans orgueil s'estimer *pour eux-mêmes* à l'égard d'un atome? Pourquoi? parce qu'ils ne sont rien *par eux-mêmes*.

Mlle CÉSARINE

Comment donc faut-il estimer les êtres créés?

Mlle SOPHIE

Il faut les estimer uniquement en Dieu. Tout ce qu'il y a de bonnes qualités dans un être créé vient de Dieu et doit se rapporter à Dieu.

Mlle CÉLINE

Je ne puis donc pas dire : Je suis quelque chose, je vaux quelque chose.

Mlle SOPHIE

Non, mademoiselle ; vous ne pouvez le dire qu'en sous-entendant : par la bonté de Dieu.

Mlle CÉLINE

Mais le *mérite* ne rend-il pas une personne *esti-mable pour elle-même?* C'est du moins ce que nous disions dans la question du *mérite.*

Mlle SOPHIE

Vous avez raison, mademoiselle, le mérite rend une personne vraiment estimable *pour elle-même.* Mais, dans cette *question du mérite,* lorsque nous eûmes mis sur les plateaux de la balance le *mérite* d'un côté et le *démérite* de l'autre, vous savez que ce n'est pas le *mérite* qui l'emporta.

Il faut donc admettre que toute estime *directe* de soi-même est une erreur. Cette erreur est le germe de l'orgueil.

Mlle EUSÉBIE

Oh ! la maudit germe ! C'est le germe du mal, de tous les vices, de tous les maux. Mon père m'a fait apprendre *le chapitre de l'orgueil.* Il commence ainsi : « De la fausse estime de soi (germe de l'or-» gueil) naît l'amour désordonné de soi, d'où » l'amour-propre, la confiance de soi-même, la » présomption, la suffisance, la vanité, l'amour

» de la gloire, l'ambition, l'envie, la jalousie, la
» colère, la recherche de ses aises, la sensualité,
» le libertinage, la débauche, la cupidité, la fraude,
» l'injustice, l'avarice, l'hypocrisie, la désobéis-
» sance, la révolte, le blasphème et l'impiété. »

L'orgueil, selon la pensée de saint Augustin,
peut aller jusqu'au désordre infini de l'adoration de
soi-même et du mépris de Dieu.

Mlle ZÉLIE

Tout cela est affreux. Mais que faire ? Puisqu'on
ne peut pas s'estimer, il faut donc se mépriser, se
détester, se haïr, s'anéantir ?... L'estime de nous-
mêmes est le fond de notre âme, c'est l'instinct de
la vie, l'instinct de la conservation, l'instinct du
bonheur. Faut-il donc s'arracher l'âme ?

Mlle EUSÉBIE

Non, mademoiselle, il ne faut pas s'arracher
l'âme. Il y a une estime de soi-même, qui est une
vérité, et il y a une estime de soi-même, qui est
une erreur.

En considérant en nous l'œuvre de Dieu, nous
pouvons et devons nous estimer bien au-dessus de
l'univers matériel. L'univers matériel est peu de

chose en comparaison d'un être intelligent, immortel, divinisé par l'incarnation du Fils de Dieu, racheté au prix du sacrifice du Calvaire, destiné au souverain bonheur des cieux. La grandeur de l'homme dépasse toutes nos pensées. Mais cette grandeur ne vient pas de nous; elle n'est pas notre œuvre; nous ne pouvons nous l'attribuer : nous devons la rapporter tout à Dieu avec le sentiment d'une reconnaissance infinie. Tel est l'enseignement de la raison et de la foi.

Quant à l'estime de nous-mêmes *pour nous-mêmes*, elle est évidemment une erreur. Après que nous avons rapporté à Dieu ce qui nous vient de Dieu, que nous reste-t-il ? Rien.

Mlle ZÉLIE

Je comprends, l'humilité consiste à ne pas s'estimer.

Mlle THÉRÈSE

Le principe de l'humilité est le mépris de soi-même.

Mlle ZÉLIE

O merveille ! Je devinais qu'on en viendrait là.

Mlle THÉRÈSE

Il le faut bien, car il faut opposer la vérité à l'erreur. Ce n'est pas comme *êtres créés* que nous devons nous mépriser; rien de créé n'est digne de mépris, rien, pas même un grain de sable. La création d'un grain de sable atteste une puissance infinie; la connaissance de la nature infime d'un grain de sable surpasse toute science humaine. Ce n'est pas non plus comme *être faibles*, *déchus*, *dégénérés* que nous devons nous mépriser; nous devons nous mépriser, parce que nous sommes des êtres *coupables*, *prévaricateurs* : tout être coupable est digne de mépris.

Mlle ZÉLIE

Il faut donc tout à la fois se mépriser et s'estimer ? Est-ce possible ?

Mlle THÉRÈSE

C'est très-possible, puisque les saints l'ont fait. S'estimant à leur juste valeur, les saints se sont élevés bien au-dessus des choses créées. Mais cette estime, qu'ils rapportaient tout à Dieu, ne les empêchait nullement de se mépriser comme pécheurs.

Mlle CÉLESTE

J'ai trouvé dans un petit livre l'explication de l'humilité des saints. « Les plus grands saints, dit
» ce petit livre ; ont été les plus humbles des
» hommes ; si humbles, qu'ils se croyaient et se
» disaient de très-grands pécheurs. La profonde
» connaissance qu'ils avaient de Dieu et d'eux-
» mêmes, des grandeurs infinies de Dieu et des
» effrayantes misères de l'homme, leur montrait
» dans la moindre faute un grave désordre, les pé-
» nétrait de l'horreur du mal. Puis, se reconnaissant
» coupables, ils tournaient cette horreur contre
» eux-mêmes, se méprisaient, se haïssaient sin-
» cèrement, se mortifiaient de plus en plus et par-
» venaient ainsi à la plus entière abnégation. »
Voilà l'abrégé de la vie des plus grands saints.

Mlle ÉMILIE

Je n'ai rien à dire là-dessus. Il me semble toute-fois que l'abnégation de soi-même est une vérité désespérante.

Mlle CÉLESTE

Il est vrai, mademoiselle, l'abnégation se pré-

sente ainsi à notre faible nature ; l'idée seule de
mortification nous fait frissonner. « Mais, dit le petit
» livre, si l'âme trouve dans la passion humaine
» une puissante énergie, elle trouve dans le senti-
» ment du devoir une énergie plus grande encore.
» Dieu vient en aide à qui appelle le secours divin.
» Plus l'âme a conscience de son néant, de sa
» misère, plus sa prière est humble et ardente, et
» plus en elle abonde la grâce. L'âme se transforme
» ainsi peu à peu ; peu à peu l'humilité se substitue
» à l'orgueil. Cette transformation de l'âme n'est
» pas l'œuvre d'un jour ; c'est bien souvent l'œuvre
» de toute la vie. La véritable éducation, ajoute le
» même livre, la véritable éducation morale de
» l'homme est tout entière dans cette transforma-
» tion de l'âme, dans cette lente substitution de
» l'humilité à l'orgueil. L'éducation qui n'a pas
» initié l'âme dans cette voie est une éducation à
» refaire. »

Mlle ÉMILIE

D'après votre livre, l'enseignement de l'humilité
doit donc être la base de l'éducation.

Mlle CÉLESTE

Incontestablement, puisque l'humilité est, à

l'égard de l'homme, la vérité même. L'erreur dans l'esprit, c'est le vice dans le cœur ; et le vice dans le cœur, c'est le désordre dans les actions, c'est le crime. De même, la vérité dans l'esprit, c'est la vertu dans le cœur ; et la vertu dans le cœur, c'est la pratique, la réalisation du bien.

Mlle EUDOXIE

Mesdemoiselles, il est temps de résumer les idées principales de notre conversation.

L'âme qui se connaît, l'âme qui a reçu la lumière de la raison et de la foi, se méprise infailli- -blement. Ce mépris est le salut de l'âme. Il sauve l'âme de l'orgueil, et par là de tous les vices. Soit dit entre nous, il nous sauve de la plus misérable des tyrannies, de celle que la mode et la vanité nous imposent.

Délivrée de l'orgueil, du faux amour d'elle-même, l'âme ne cherche plus qu'en Dieu le bon-heur, en Dieu créateur des âmes, rédempteur des âmes, souverain bien, éternel amour des âmes. Dieu attire l'âme de plus en plus, et l'âme se dé-gage de plus en plus d'elle-même, s'unit à Dieu, devient tout dévouement, toute charité. Or la charité, c'est le Ciel !

Vous voyez, mesdemoiselles, de quelle importance était la conversation que nous venons d'achever.

FIN

TABLE

— Lille. Typ. J. Lefort. 1878 —

www.ingramcontent.com/pod-product-compliance
Lightning Source LLC
Chambersburg PA
CBHW060623100426

42744CB00008B/1482